Cyfres Codi'r Llenni   y Lolfa

I Dir Neb

Sgript a Gweithgareddau

Sgript: Rhiannon Wyn
Gweithgareddau: Catrin Jones

Argraffiad cyntaf 2006

Awduron: Rhiannon Wyn a Catrin Jones
Cynllun clawr: Siôn Jones

Comisynwyd y gyfrol gyda chymorth ariannol
Yr Adran Addysg Dysgu Gydol Oes a Sgiliau

ISBN: 086243 956 6
ISBN-13: 978 0862439569

Cyhoeddwyd ac argraffwyd yng Nghymru gan:
Y Lolfa Cyf., Talybont, Ceredigion SY24 5AP
ebost ylolfa@ylolfa.com
gwefan www.ylolfa.com
ffôn +44 (0)1970 832304
ffacs 832 782

I DIR NEB

Sgript Rhiannon Wyn o nofel Eirug Wyn

CEFNDIR Y NOFEL

Lleolir y nofel yng nghefn gwlad Ynys Môn yng nghyfnod y Rhyfel Byd Cyntaf, sef rhwng 1914 ac 1918. Darlun o ddau deulu sy'n gymdogion a geir yn y nofel: Hughesiaid, Cae Cudyll a theulu Pritchard, Tyrpeg Ucha. Mae ffermydd y ddau deulu'n ymylu ar dir comin a elwir yn Tir Neb. Mae llawer o densiynau o dan yr wyneb rhwng aelodau'r teuluoedd o ganlyniad i'r celwydd, twyll a chwerwedd sy'n bodoli.

Prif gymeriad y nofel yw Hugh Hughes, Cae Cudyll. Bachgen ifanc llawn hwyl sy'n canlyn efo'i gymdoges, Elin. Mae Hugh yn penderfynu ymrestru â'r Fyddin Gymreig i fynd i ymladd yn y Rhyfel Mawr – a hynny yn erbyn dymuniad ei deulu ac Elin. Bu tad Hugh, Tom, yn filwr ei hun, a chreithiwyd ef yn ddrwg yn gorfforol ac yn emosiynol gan y profiad.

Mae Hugh yn mynd i ryfel ac yn profi erchyllterau ffosydd y Somme a Thir Neb, fel y gelwir rhan o faes y frwydr. Gwela gyfeillion a chyd-filwyr yn cael eu lladd a'u darnio. Caiff Hugh ei effeithio'n ofnadwy, ac wedi iddo ddychwelyd adre wedi ei anafu, mae'r hen Hugh hwyliog wedi diflannu. Yn ei le mae creadur sy'n anymwybodol o'r hyn sydd o'i gwmpas, ac sy'n parhau i fyw hunllef y Rhyfel.

Sbardunwyd Eirug Wyn i ysgrifennu *I Dir Neb* gan ddarlun pwerus Aneurin Jones a welir ar glawr y nofel. Dyma ysgrifennodd Eirug Wyn am y darlun yn *Aneurin* (Cyfres Celf 2000, gol. Emyr Llywelyn, Y Lolfa) sef cyfrol yn trafod gwaith yr artist:

> *Llanc wedi dychwelyd o ryfel sydd yn y llun. Er mai Gwawr Nosi yw'r teitl swyddogol, fel 'Johnny' y bydd Aneurin yn cyfeirio at y paentiad. Johnny unig, benisel, yn eistedd ar gadair bren. Cap pig ar ei ben, ei ddwylo ar ei liniau, ei ysgwyddau wedi crymu, yntau'n rhythu i nunlle. Gŵr unig ar gadair bren wedi'i amgylchynu gan niwl a tharth llysnafeddrwydd, tywyll. Mae o'n ddarlun du. Mae o'n ddarlun digalon. Ydi o'n ddarlun cynrychioliadol?*
>
> *Ydi, wrth reswm. Bu gan bob cwmwd a phentre a thref yng Nghymru ei 'Johnny' – a nhw, y dychweledigion, oedd y rhai lwcus! Fel y bydd amal un yn neilltuo hanner awr neu dri chwarter i edrych ar raglen deledu, felly hefyd y bydda innau'n edrych ar Johnny ac yn ceisio dyfalu beth tybed ydi'r erchyllterau sydd yn cuddio yn y niwl? Pa ddarluniau sy'n cordeddu yn ei ymennydd, a pha sgrechiadau sy'n llenwi'i glustiau? Beth yrrodd y Johnny ifanc nwyfus, llawen dros erchwyn y dibyn, a'i adael (yn ôl osgo'i freichiau, ei ysgwyddau a'i ben) yn henwr crwm a digalon?*
>
> *Dydi'r ateb ddim gen i, ond mae Gwawr Nosi a Johnny wedi ysgogi oriau lawer o holi.*

Mae'n amlwg mai canlyniad ei fyfyrio yw *I Dir Neb*. Effaith brwydro a gweld erchyllterau rhyfel yw un o brif themâu'r nofel. Mae twyll a brad hefyd yn themâu canolog, gan fod y rhan fwyaf o gymeriadau'r nofel yn twyllo rhywun a bod pawb yn mynd ati i frifo'i gilydd wrth ddilyn eu cwest hunanol eu hunain.

Cyhoeddwyd *I Dir Neb* yn 1999 yn wreiddiol.

Eirug Wyn

Ganed Eirug Wyn yn 1950 ger Llanbryn-mair, ym Mhowys. Magwyd ef yno, ac yna yn Neiniolen yng Ngwynedd. Wedi cyfnod yng Nghaerfyrddin, ymgartrefodd Eirug a'i wraig Gwenda yn y Groeslon ger Caernarfon. Mae ganddynt ddwy o ferched, Dwynwen a Rhiannon.

Roedd Eirug Wyn yn awdur rhyfeddol o gynhyrchiol a disglair. Enillodd Wobr Goffa Daniel Owen a Medal Ryddiaith yr Eisteddfod Genedlaethol ill dwy ddwywaith. Cyhoeddodd nofelau i oedolion a phlant yn ogystal â chasgliadau o straeon byrion. Roedd yn ffigwr enwog yn y Gymru Gymraeg gan y bu'n olygydd *Lol*, y cylchgrawn dychanol, ac roedd yn dynnwr coes a phryfociwr.

Bu Eirug Wyn farw yn 2004 wedi brwydr hir yn erbyn cancr.

Rhiannon Wyn

Cafodd Rhiannon ei geni a'i magu yn y Groeslon, ger Caernarfon ac mae hi bellach wedi mentro filltir i lawr y lôn i ymgartrefu yn Llanwnda. Ar ôl cyfnod ym Mhrifysgol Cymru Aberystwyth ac yn teithio'r byd, mae erbyn hyn yn aelod o dîm ysgrifennu *Rownd a Rownd*, i Nant ar gyfer S4C.

Trafod sgriptio gyda Rhiannon Wyn

Er mwyn ceisio darganfod sut mae sgriptiwr yn mynd ati i addasu gwaith gwreiddiol, holwyd y cwestiynau isod i Rhiannon Wyn.

Oedd o'n brofiad rhyfedd i ti fynd ati i weithio ar nofel dy dad?

Roedd gweithio ar y prosiect yn brofiad rhyfedd a melys ar yr un pryd. Rydw i'n medru ei gofio yn gweithio ar *I Dir Neb*: yn arbennig y byrddau gwyn yn ei stydi gydag enwau'r ffermydd a'r cymeriadau arnynt, a saethau yn mynd o un i'r llall i ddynodi rhyw densiwn neu garwriaeth! Yn digwydd bod hefyd, mae'r nofel yn un o fy ffefrynnau gan fod llawer o'r themâu ynddi yn oesol a'r ymwneud rhwng y cymeriadau yn ddyrys a chymhleth. Wrth fynd ati i'w haddasu roeddwn i'n aml yn darganfod fy hun yn ysu i ofyn cwestiynau iddo, neu'n oedi yn hirach yn y lolfa adref i edrych yn iawn ar lun Aneurin Jones a fu'n gymaint o ysbrydoliaeth iddo. Mewn ffordd ryfedd, mae'n siŵr 'mod i'n teimlo'n agos ato.

Beth wnest ti ei fwynhau'n arbennig am y nofel?

Cryfder y nofel i mi ydi'r llinyn storïol cryf sydd wedi ei wau i gefnlen erchyll y rhyfel. Mae tair lefel gwrthdaro yn y nofel sef: y gwrthdaro mewnol yn y cymeriadau, y gwrthdaro lleol rhwng y cymeriadau â'i gilydd, yn ogystal â'r gwrthdaro haniaethol rhwng y cymeriadau â'r cysyniad o ryfel. Mae'r stori yn dangos sut y gall gwleidyddiaeth a chredo achosi rhwyg o fewn yr un teulu ac mae'r cymeriadau ynddi'n feicrocosm o'r tyndra ehangach mewn unrhyw ryfel. Ceir ynddi hefyd ddarlun o dristwch serch y cyfnod a'r modd y gall amgylchiadau gyflyru gweithredoedd pobl.

Roedd dy dad wedi ei symbylu gan y llun gan Aneurin Jones i ysgrifennu'r nofel. Wyt ti wedi cael profiad tebyg erioed, sef cael dy ysgogi i ysgrifennu gan gelfyddyd arall?

Roedd Dad wedi treulio peth amser yng nghwmni Aneurin wrth ffilmio'r gyfres Portreadau (Ffilmiau'r Bont) ac wedi cael rhyw dynfa ryfeddol at y llun. Yn ôl yr hyn 'dw i'n ei gofio, mi fu Aneurin yn sôn am wrthrych y llun, sef gŵr lleol a aeth i'r rhyfel yn gryf ac a ddychwelodd i'w gynefin a'i ysbryd wedi ei dorri. Mae'n debyg iddo eistedd â'i ben i lawr a'i ddwylo ar ei lin am weddill ei fywyd. Ond rwy'n credu mai'r hyn a fu'n symbyliad i Dad oedd cymhareb y llun: mae'r dyn yn eistedd yng nghongl dde eithaf y llun ac mae gweddill y darlun yn dywyll a dyrys ac yn drosiad o'i brofiadau yn y rhyfel. Y tywyllwch haniaethol yma a aeth â'i fryd ac yn hwnnw y seiliodd *I Dir Neb*. Mae'n rhaid i mi gyfaddef nad ydw i – hyd yma – wedi cael adwaith mor gryf at gelfyddyd arall er bod i bob llun, mae'n siŵr, ei stori.

Sut est ti ati i drosglwyddo'r naratif a'r disgrifiadau i gyfrwng drama? Sut gwnest di'r penderfyniad i ddefnyddio'r sgrin?

Gan fod y llinyn storïol mor gryf yn y nofel, bu'r dasg o'i throsglwyddo i olygfeydd dramatig yn gymharol ddidrafferth. Roeddwn yn lwcus iawn bod yma lwyfannu gweledol naturiol rhwng y ddau deulu amaethyddol â'u tir yn ffinio yn y canol. Roeddwn hefyd yn lwcus bod y 'Tir Neb' diriaethol yn benthyg ei hun yn drosiadol i'r 'Tir Neb' haniaethol, sef y Rhyfel. Roedd o gymorth sylweddol bod llawer o ddeialog yn y naratif eisoes. Yr unig eithriad i hyn wrth gwrs oedd y cyfnod pan mae Hugh yn y rhyfel. Roedd yn rhaid dibynnu'n helaeth ar fonologau yma i geisio cyfleu erchyllterau'r Rhyfel. Defnyddiais y sgrin i hwyluso'r ffaith bod cymaint o leoliadau yn y nofel, a'r rheiny'n rhan annatod o wead y stori. Mewn byd sy'n llythrennog iawn o ran delweddau gweledol a theledu, gall cyfuno'r cyfryngau fod yn rymus. Roeddwn i hefyd yn teimlo'n gryf y dylid ceisio cynnwys y ddelwedd a fu'n symbyliad i'r gwaith, sef y llun gan Aneurin Jones.

Rwyt ti wedi llwyddo i gyfleu'r mwyafrif o'r nofel yn dy sgript gan roi sylw i'r rhan fwyaf o'r themâu hefyd. Sut wyt ti'n mynd ati i gynllunio addasiad? Wyt ti'n cynllunio pob golygfa gynta, neu'n mynd drwy'r nofel yn dewis a dethol deialog neu'n defnyddio rhyw ddull arall?

Y ffordd es i ati oedd darllen y nofel ar ei hyd gyntaf, gan geisio meddwl beth yw'r ymdeimlad cyffredinol, neu brif thema'r gwaith a sut byddai'n bosib llwyfannu hynny yn y ffordd symlaf bosib. Wedyn mynd ati i'w hailddarllen, gan nodi unrhyw olygfeydd o dyndra oedd yn allweddol i'r brif stori. O fewn y fframwaith sylfaenol wedyn, mi es i chwilio am rai o'r is-themâu, yn arbennig os oedden nhw'n gymorth i ddeall diwedd y stori a'r neges gyflawn. Mae'r nofel yn ei hanfod yn gweithio tuag at uchafbwynt dramatig, ac felly roedd yn rhaid ceisio cadw'n driw i hwnnw, a gwneud yn siŵr bod momentwm a thensiwn yn cael ei adeiladu. Hefyd mewn drama, wrth gwrs, mae'n rhaid ceisio cyfleu popeth mewn gweithred, felly roedd yn rhaid meddwl am ddyfeisiau ychwanegol i geisio atgyfnerthu'r hyn na chawn wybod mewn disgrifiadau neu ymsonau.

Faint o addasu a fu?

Roeddwn i'n teimlo'n lwcus iawn bod llawer o ddeialog a strwythur naturiol y nofel yn benthyg ei hun i addasiad dramatig. Roedd sefyllfaoedd a safbwyntiau'r cymeriadau hefyd yn benthyg eu hunain i densiwn a phathos ac roedd natur yr unedau teuluol yn gyfoeth o is-destunau. Yn hynny o beth, roedd cymhelliant neu boen y cymeriadau yn wybyddus drwy'r amser ac felly yn gwneud yr addasu'n haws. O allu gwybod yn union beth oedd yn mynd ymlaen yn eu meddyliau, roedd yn bosibl ceisio cyfleu hynny mewn gweithred neu ddeialog. Wrth reswm, un elfen oedd yn dioddef oedd yr elfen amaethyddol ac mae naws delynegol y disgrifiadau o'r rhyfel yn cael eu colli. Ond nofel am ddigwyddiadau ydyw hi hefyd ac mae llawer o'r digwydd ar lefel leol: rhwng cymeriadau sy'n cyd-fyw yn agos. Roedd y tensiwn dynol rhwng y cymeriadau yno eisoes. Mae'n rhaid i mi gyfaddef i mi olygu llawer mwy nag y gwnes ei greu wrth ymroi i'r dasg.

Ydy Hugh yn bortread o fachgen ifanc, di-glem?

Fo ydi'r mwyaf naïf, ond eto, efallai, y mwyaf hunanol o'r cymeriadau. Y fo hefyd ydi'r symbol o'r modd y mae'r rhod yn troi a'r un camgymeriad yn cael ei ailadrodd er gwaethaf profiad chwerw ei dad. Ei benderfyniad o i 'listio' sy'n gyrru'n rhan fwyaf o'r stori yn ei blaen: dyma sy'n arwain at garwriaeth Elin a Johnny, at y dadfeiliad ym mherthynas Tom a Catrin, at orffwylledd Hugh ei hun ac at ddigwyddiadau trasig y diweddglo. Yn y diwedd, y fo sy'n unig yn y carchar tra bod ei deulu wedi symud yn eu blaenau. Mae'n wrthgyferbyniad aruthrol rhwng y gŵr ifanc dewr ac eofn ar ddechrau'r nofel a'r ffigur pathetig a welwn ar y diwedd. Felly mewn llawer o ffyrdd, ydi, mae'n bortread o fachgen ifanc di-glem sy'n gweithredu er gwaethaf rhybuddion diddiwedd ei deulu a'i ffrindiau.

A oes gen ti hoff gymeriad yn y nofel?

Er bod gen i gydymdeimlad mawr â Hugh tuag at ddiwedd y nofel wrth iddo geisio unioni ei gam ac arbed Johnny rhag erchyllterau'r Rhyfel, rwy'n meddwl mai fy hoff gymeriad i ydi Elin. Efallai gan ei bod yn nes at fy oed i ac yn ferch; efallai oherwydd ei bod hi'n gallach ac yn dioddef effaith gweithredoedd y bobl o'i chwmpas yn hytrach nag yn rhan uniongyrchol ohonynt. Mae hi gyda'r mwyaf rhinweddol yn y nofel a fedra i ddim peidio â cheisio fy rhoi fy hun yn ei sefyllfa hi. Yn hynny o beth, mae rhyw deimlad ei bod hi'n haeddu'r hapusrwydd ar y diwedd.

Ydi'r ddrama'n berthnasol ar gyfer heddiw? A oes neges ynddi?

Rwy'n credu bod prif themâu'r nofel yn oesol: rhyfel a chariad. Yn anffodus mae rhyfel yn realiti ym mhob oes ac er bod amgylchiadau unigol yn amrywio, mae llawer o'r sgîl-effeithiau yn debyg. Yn ein hoes ni, does ond rhaid cymharu â'r holl fechgyn ifanc sy'n dioddef yn seicolegol ar ôl bod yn ymladd yn Irac. Yn ei hanfod, dyma brif neges y nofel: mae hanes yn ailadrodd ei hun ac mae tynged pobl yn dibynnu ar eu gweithredoedd eu hunain. O benderfynu ymrestru, mi gollodd Hugh ei bwyll, gwrthrych ei serch a'i ryddid. Y thema gref arall wrth gwrs yw cariad a serch, a'r rhwystrau a'r temtasiynau a ddaw yn eu sgil. Mae'r gwaith yn mynd o dan groen ymwneud dynol a pherthynas gymhleth pobl â'i gilydd. A hynny hyd yn oed o fewn uned deuluol. Mae'r teitl ei hun yn drosiad o'r hyn sy'n fwy cymhleth na da neu ddrwg, y du neu'r gwyn. 'Tir Neb' yw'r tri chwarter tywyll yn llun Aneurin Jones: yr hyn sy'n haniaethol ac yn unigryw i unigolyn.

Y CYMERIADAU

Teulu Cae Cudyll

Hugh Gŵr ifanc sy'n gweithio ar y fferm ac yn byw gyda'i deulu. Mae'n canlyn gydag Elin.

Johnny Brawd mawr Hugh.

Catrin Mam Hugh. Mae wedi bod mewn perthynas gyfrinachol ag Evan Pritchard ei chymydog ers blynyddoedd.

Tom Y tad. Mae'n gaeth i'w gadair wedi ei anafu'n ddrwg pan oedd yn filwr. Cymeriad chwerw iawn.

Teulu Tyrpeg Ucha

Elin Merch y fferm drws nesa. Cariad Hugh. Nid yw hi am i Hugh fynd i ryfel o gwbl.

Miriam Y fam. Ei theulu hi oedd berchen y fferm a phriododd y gwas, sef Evan. Mae eu perthynas yn un anhapus iawn a Miriam yn chwerw.

Evan Y tad. Mae'n briod â Miriam ac yn cynnal perthynas â Catrin.

ACT UN

Golygfa 1

Gwelwn sgrin ynghanol y llwyfan. Mae darlun Aneurin Jones yn ymddangos ar y sgrin.

Daw golau i lenwi ochr chwith y llwyfan: Lolfa Cae Cudyll. Gwelwn Tom yn eistedd yn gam yn ei gadair â'i ddwylo ar ei bengliniau.

Y llun ar y sgrin yn diflannu, ond adlais o'r ddelwedd yn osgo Tom. Wrth i'r golau godi ymhellach, mae Tom yn estyn Y Genedl *i'w ddarllen.*

Tom: *(Yn annerch llun Lloyd George sy'n hongian uwch y lle tân)* Go damia'r cythral!

Tom yn ymestyn tua'r grât i daro'i getyn yn erbyn carreg yr aelwyd. Daw Catrin i mewn.

Catrin: Pwy sydd wedi dweud be rŵan?

Tom: John Wilias*, Brynsiencyn! Wormyngar*! Dyna'r cwbl ydy o. Rhagrithiwr! Cerddad y wlad yma mewn lifrai a choler gron...

Catrin: *(Syrffedus)* Waeth i ti heb ag ypsetio dy hun am y peth...

Tom: Politics ydy o i gyd. Jyst am fod Ymerodraeth Prydain yn crebachu, mae hyd yn oed Cymry da fel Lloyd George isho dangos i ni gymint o Saeson ydyn nhw!

Catrin yn taflu cipolwg ar lun Lloyd George, cyn tacluso blanced Tom.

Catrin: *(Gan estyn tun baco iddo)* Tisho smoc?

Tom yn tawelu wrth danio ei getyn.

Catrin: *(Gan estyn tun baco iddo)* Tisho smoc?

Tom yn tawelu wrth danio ei getyn.

Catrin: Lle mae'r hogia arni?

* John Williams, Brynsiencyn – gweinidog ym Mrynsiencyn, Ynys Môn a fu'n teithio'r wlad yn annog dynion i ymuno â Byddin Cymru yn y Rhyfel Byd Cyntaf gan ddefnyddio'r Beibl i hyrwyddo rhyfel.

* Wormyngar – rhywun sy'n frwd i annog pobl i fynd i ryfel – yn aml yn disgrifio arweinwyr militaraidd.

Tom: Johnny yn hogi'r pladuriau* i fynd i Dyrpeg Ucha fory, ac mae Hugh yn trwsio ffens Tir Neb – unwaith eto! *(chwerw)* Oes raid i bawb yn y fro fynd i garu ffor' 'no?

Catrin: Tir Neb ydy o, Tom.

Tom: Ond ni sy'n gorfod trwsio ar eu hola nhw!

Catrin: *(Chwareus)* Ni sy'n gyfrifol am un ochr, a Thyrpeg Ucha'n gofalu am yr ochr arall. Dyna'r trefniant. Mi fuost titha yn gneud dy siâr o garu yno hefyd!

Tom: *(Sur)* A thitha.

Catrin: *(Amddiffynnol)* Ma hynna drosodd ers dros ddeunaw mlynedd.

Tom: Ydi o?

Catrin: Be wyt ti'n feddwl?

Daw Johnny i mewn i darfu ar y tensiwn.

Johnny: Sut mae 'Nhad?

Catrin: Yng ngwddw Lloyd George a John Wilias.

Catrin yn gadael am y gegin.

Johnny: Be mae John Wilias wedi'i wneud heddiw?

Tom: Darllen *Y Genedl* i chdi ga'l gweld be ma gweinidogion yr Efengyl yn 'i feddwl...

Johnny: Y recriwtio 'dach chi'n 'i feddwl? O'dd rhywun yn deud pnawn 'ma bod hanner dwsin 'di listio* yn Llangefni wsnos dweutha.

Tom: Mae o'n anghywir, Johnny! Gyrru hogia'r hen shir 'ma i gwffio dros Saeson.

Johnny: Mae Hugh ar dân isho mynd.

Tom: I gwffio?

Johnny: Ia.

* hogi'r pladuriau – hogi > rhoi min (*sharpen*)
pladur > teclyn ar gyfer torri gwair â llaw (*scythe*).

* listio > ymrestru, *conscription* – y llywodraeth yn mynnu fod dynion yn ymuno â'r fyddin i fynd i ryfel drwy gofrestru. Roedd yn rhaid i ddynion rhwng 18 a 35 mlwydd oed ymrestru.

Tom: Hugh ni?

Johnny: Mi welodd fab Tresgawen yn y stryd y dydd o'r blaen. Fo a hogyn Owan Thomas yn eu hiwnifform yn martsio i fyny ac i lawr y Stryd Fawr fel tasan nhw bia'r lle...

Tom: *(Dwylo yn ôl ar ei bengliniau, a'i feddwl ymhell)* Fel 'na'n union o'n i yn 'i oed o. Apêl yr iwnifform. Go damia nhw! Un peth ydy'i lordio hi mewn iwnifform lachar, lân ar hyd strydoedd Llangefni, peth arall ydy bod ar dy fol mewn mwd a gwaed ar ddaear Ffrainc... Peth hawdd ydy rhamantu am sowldiwrs yn cwffio a martsio a saethu a phetha felly. Cofiwch 'mod i wedi bod drwyddi. A chofiwch beth arall. Pwrpas milwr ydy lladd 'i gyd-ddyn. Dim byd arall. Dyna 'di'r holl drênio, dyna 'di'r holl feddylfryd y tu ôl i ffurfio byddinoedd. Lladd. Lladd. Lladd.

Johnny: Faint laddoch chi yn Affrica, Tada?

Tom: *(anesmwyth)* Roedd lladd un yn ormod.

Johnny: Ond rhyfal oedd o!

Tom: Mwrdwr oedd o, Johnny. Mwrdwr. *(Dadebru yn sydyn)* Lle mae dy frawd? Fydd swper ar y bwrdd...

Johnny: *(Ysgafn)* Ma petha eraill yn mynd â'i fryd o'r dyddia yma... Merchaid. A sowldiwrs.

Tom yn tuchan yn anfoddog.

Golygfa 2

Tir Neb. Golau yn codi ar ganol y llwyfan. Elin a Hugh yn cydorwedd ym mreichiau ei gilydd.

Elin: *(Awgrymog)* Unwaith eto?

Hugh: Ti'n gwbod sut bydd Dad os bydda i'n hwyr! Arglwydd! Mi rydw i'n hwyr…

Elin yn codi ar ei heistedd.

Elin: Pryd gwela i di?

Hugh: Tua naw?

Elin: Yn lle?

Hugh: *(Yn estyn am ei forthwyl trwsio ffens)* 'Nôl yn fa'ma. Tir Neb?

Elin: Fyddi di wedi cael dy swper erbyn hynny?

Hugh: Bydda, a phregath am y Rhyfal gin Dad!

Elin: Ac mi fydd Mam a Dad wedi cael dwy ffrae o leia erbyn hynny!

Hugh: *(Penlinio, a mwytho ei hwyneb)* Elin. Dw i'n dy garu di.

Elin: Finna chditha.

Y ddau yn rhannu cusan dyner.

Golygfa 3

Cae Cudyll. Tom yn eistedd yn ei gadair. Hugh yn cerdded o gwmpas yn rhwystredig. Johnny yn cadw ei bellter, ond yn gwrando ar bob gair.

Hugh: Be 'dan ni i fod i'w wneud hefo'r Jyrmans. 'ta?

Tom: *(Rhwystredig)* Problam Lloegar 'di hi, ddim problam Cymru.

Hugh: Ac os neith y Jyrmans ddod drosodd i Loegar, a'i goresgyn hi fel maen nhw wedi 'i neud efo Belgium, fydd hi'n broblam i ni wedyn?

Tom: *(Taro ei law yn erbyn ei goes)* Fuodd cwffio yn Affrica'n werth hyn i mi?

Hugh: Mae Idwal Tŷ Mawr 'di listio. Ffor Cing an Cyntri!

Tom: Ma isho berwi'i ben o! Pa frenin a pha wlad, Hugh?

Hugh: Ein gwlad ni, 'ndê?

Tom: Lloegar sydd ei angan o, Hugh, nid Cymru.

Hugh: Mae Idwal yn Cinmel, barics sbeshal gin Fyddin Cymru*...

Tom: *(Taflu* Y Genedl *at Hugh)* W't ti 'di gweld yr adroddiadau o Ffrainc?

Hugh: 'Dan ni'n ennill...

Tom: Ugian mil wedi'u lladd mewn un diwrnod, Hugh! Ti'n galw hynna'n ennill?

Hugh: Ond ma pawb yn mynd, Dad! A'r sôn ydy, os na chân nhw ddigon o folyntiars y byddan nhw'n gorfodi pawb i fynd.

Tom: Mi fasa'n rheitiach i John Wilias bregethu efengyl Crist hyd y wlad 'ma, yn lle strytio o gwmpas fel ceiliog dandi mewn iwnifform a cholar gron. Chafodd y Diafol rioed cystal cyrnol â fo.

Hugh: Pam aethoch chi i Affrica, 'ta?

Tom: *(Candryll)* Doeddwn i ddim yn gwbod yn well, 'ngwas i, a doedd gen i neb i ddweud yn amgenach/yn well wrtha i.

Emosiwn eu tad yn dychryn Hugh a Johnny. Hugh yn cilio i bwdu.

* barics – canolfannau hyfforddi milwyr. Bu gan Fyddin Cymru ganolfan hyfforddi yng Nghinmel ger Abergele yn Sir Ddinbych

Johnny: Ro'n i'n clywad bod John Wilias yn dod i'r dre i annerch ddydd Sadwrn..

Tom: Recriwtio ydy'u bwriad nhw, siŵr. Hel hogia Môn i gwffio ac i farw. Ro'dd Lloyd George yn gwbod be o'dd o'n 'i neud pan ddewisodd o John Wilias. Watsiwch chi be dw i'n ddeud...

Johnny yn edrych yn awgrymog ar Hugh. Hwnnw'n wfftio, cyn gadael y stafell.

Golygfa 4

Cegin Tyrpeg Uchaf – ochr dde'r llwyfan. Distawrwydd llethol wrth i Elin ac Evan eistedd wrth y bwrdd. Daw Miriam i mewn a slamio'r platiau ar y bwrdd o'u blaenau.

Miriam: *(Cyhuddgar)* Ble buost ti pnawn 'ma?

Elin: Am dro.

Miriam: Ymhle?

Elin: Tir Neb.

Saib annifyr.

Miriam: Welaist ti rywun?

Elin: Johnny… a Hugh.

Evan: Mi fyddan nhw yma fory. Ella y basa'n syniad i chi ddod â te ddeg* i'r Maes Mawr, i ni gael sbario dod i fyny'r holl ffordd. Mi gymrwn ni ginio wedyn tua un o'r gloch.

Miriam yn amlwg yn corddi.

Elin: Mi ddo i lawr atach chi tua deg. Mi gaiff Mam lonydd wedyn i 'neud cinio.

Miriam: Morwyn dw i yn y lle 'ma! Dim byd arall. Miriam, gwna de ddeg. Miriam, gwna ginio! Miriam, gwna hyn! Miriam, gwna'r llall!

Evan: Faeddist ti rioed dy ddwylo hyd y buarth 'ma!

Miriam: Ond mi gest ti ffarm ar blât! Yn union fel rwyt ti wedi cael pob pryd bwyd ers deunaw mlynedd!

Evan: Ac wedi cael edliw pob un hefyd!

Elin yn rhoi ei chyllell a'i fforc i lawr ac yn codi.

Elin: Rydw i'n mynd am dro!

Miriam: Nac wyt ti ddim. Mae gen i angen dy help di hefo'r llestri 'ma, ac mae isho llnau'r tatws a'r moron at fory. I roi cinio i hogia Cae Cudyll.

* te ddeg – enw llafar am hoe o'r gwaith am ddeg o'r gloch y bore a chyfle am baned o de.

Elin: Os 'dach chi'ch dau yn mynd i ffraeo eto, mi gewch chi lonydd i wneud hynny.

Elin yn gadael.

Evan: Rwyt ti wedi llwyddo eto, yndo?

Miriam: W'n i ddim be w't ti'n feddwl.

Evan: Bob pryd bwyd 'run fath! Pob un yn troi'n ffrae…

Miriam: Chdi sy'n esgeuluso dy ddyletswydda fel tad!

Evan: Ia, fi, fi, fi. Da iawn rŵan! Pob peth sy'n mynd o'i le yn y lle 'ma, arna *i* mae'r bai. Wel ma'n ddigon gen i, dallta, rhedag lle mor fawr â hwn ar fy mhen fy hun bach – heb gymorth gwas na gwraig! Siawns na fedri di lwyddo dod i ben â rhedag y tŷ!

Miriam: Mi fedra 'Nhad redag y lle 'ma'n iawn yn 'i ddydd.

Evan: Ac mi fedra dy fam gadw trefn arnat titha. Ma'r hogan yna'n cael gwneud fel y myn. Tasa hi'n hogyn…

Miriam: Dyma ni o'r diwadd yn dŵad at wraidd pob dim sydd o'i le yn y lle 'ma. Chafodd Evan druan ddim mab! Merch gafodd o, ac mae hynny wedi bod yn dân ar ei groen o ers deunaw mlynadd.

Evan: *(Codi o'i gadair)* Sut ar wyneb daear arhosis i yma cyhyd, wn i ddim…

Miriam: Mi wyddost ti'n iawn ble mae'r drws. Mi ddoist ti yma heb ddim, ac mi gei di adal heb ddim hefyd!

Evan: Y fi gododd y lle 'ma ar ei draed. Mae 'na ugain mlynedd o lafur fy mywyd i wedi mynd i'w wneud o'r hyn ydy o, ac mae gin i hawl i bob modfedd o fy hanner siâr.

Miriam: Rw't ti'n rhy brysur yn yfed dy siâr.

Evan: Hefo gwraig fel ti, does 'na ddim arall i roi pleser i ddyn yn y lle 'ma.

Evan yn brasgamu am allan.

Golygfa 5

Cegin Tyrpeg Uchaf, drannoeth. Evan, Hugh a Johnny yn gorffen eu cinio wrth y bwrdd. Elin a Hugh yn llygadu ei gilydd. Evan yn sylwi ar hynny ac yn gwthio ei blât i ffwrdd i darfu ar yr awyrgylch. Miriam ac Elin yn codi i glirio'r platiau.

Evan: *(Wrth yr hogiau)* Siawns y byddan ni wedi gorffen cyn machlud? *(Hanner cellwair, hanner o ddifrif)* Os bydd yr Hugh 'ma'n tynnu 'i bwysau?

Johnny: Gobeithio. *(Estyn ei blât i Miriam)* Diolch yn fawr i chi.

Miriam: Mi ddo i â te i chi tua tri o'r gloch.

Elin: Ga'n nhw aros am swpar hefyd?

Johnny: Mi fydd Mam wedi paratoi swpar i ni.

Miriam: *(Hynod siriol)* Croeso i chi aros…

Johnny: Na. Mi fydd swpar yn ein haros ni adra. Ond diolch i chi am eich cynnig.

Evan: Rwyt ti'n dawal iawn, Hugh?

Hugh: Sori, Mr Pritchard. Meddwl am rwbath oeddwn i.

Johnny: Ma Hugh yn meddwl mynd i'r Rhyfal.

Evan: Be?

Miriam: Hugh?!

Elin: *(sgrechian)* Na!

Pawb yn troi i edrych ar Elin mewn syndod.

Hugh: Gweld pawb mor ddi-hid o'r peryg ydw i. (*Wrth Elin*) Beth bynnag, meddwl am y peth ydw i. Dydw i ddim wedi penderfynu eto.

Elin yn troi am allan. Hugh yn edrych yn ddirmygus ar Johnny.

Golygfa 6

Tir Neb. Dydd Sadwrn. Hugh a Johnny yn cydgerdded.

Hugh: W't ti am fynd i'r Bull?

Johnny: Ma'n siŵr mai fan'no y bydd Ifan Perthi a Wil Hyw – a dw i'n siŵr na fyddi di ac Elin isho cwmpeini!

Hugh: Watsia i Dad glywad amdanat ti'n llymeitian*.

Johnny: Watsia ditha 'fyd! Wn i'm be fasa'n 'i wylltio fo fwya, chdi'n dod â hogan i drwbwl neu fi'n cael llond bol o gwrw!

Hugh yn gwthio Johnny hyd nes ei fod ar ei hyd ar y llawr. Johnny'n chwerthin. Y ddau'n gweld Elin yn nesu.

Johnny: *(Wrth godi)* Ti am fynd i wrando ar John Wilias bora 'ma?

Hugh: Pam ti'n gofyn?

Johnny: Fysa Dad ddim yn blês, tasa fo'n clwad bod yr un ohonan ni'n mynd yno.

Hugh: *(Llawn bravado)* Iesu, Johnny! Ti'n ddyn yn dy oed a d'amser. Gin ti feddwl dy hun, siawns? Tyd yma, Elin Pritchard!

Hugh yn gafael yn Elin a'i chusanu. Johnny'n wfftio, cyn cerdded i ffwrdd.

Hugh: *(sibrwd yn ei chlust)* I ble'r awn ni?

Elin: I nunlla tan heno! Dydy'r petha ddim gin i.

Hugh: Wnaiff o ddim gwahaniaeth… Unwaith?

Elin: Fedrwn ni ddim cymryd y siawns, Hugh.

Hugh: Mi fedrwn ni briodi os digwyddith rywbath.

Elin: A wynebu dicter Evan a Thomas? Dim diolch!

Hugh: *(Awgrymog)* Mi wnawn i rai pethau a bod yn fwy na pharod i wynebu dicter Evan Pritchard a Thomas Hughes!

Elin: Mi gei di wneud hynny heno 'ta.

* llymeitian – yfed diod feddwol. Roedd dirwest – sef peidio yfed alcohol – yn fudiad cryf yng Nghymru ar y pryd.

Hugh: Tyrd i lawr at yr afon.

Elin: Na.

Hugh: Jyst i ista. Glychu'n traed a sbïo i mewn i'r dŵr.

Elin: Sbïo i mewn i'r dŵr?!

Hugh: Wel, sbïo i'r dŵr, *(awgrymog)* a *ballu…*

Elin yn gwenu'n gam. Y ddau'n cerdded yn eu blaenau. Hugh yn ceisio gafael ynddi unwaith eto.

Hugh: Be sy matar?

Elin: Chdi.

Hugh: Be dw i wedi'i neud?

Elin: Be wyt ti *heb* ddeud wrtha i?

Hugh: Be w't ti'n feddwl?

Elin: Dy fod ti'n bwriadu mynd i'r Rhyfal.

Hugh: Johnny a'i geg fawr…

Elin: Mae'n dda bod rhywun yn bwriadu deud wrtha i!

Elin yn cerdded i ffwrdd. Hugh yn cychwyn ar ei hôl. Gwelwn fod Johnny yn eu gwylio.

Golygfa 7

Sgwâr Llangefni. Torf fechan wedi casglu. John Williams yn sefyll ar ben cadair yn annerch. Hugh ac Elin yn dynesu tuag atynt.

Elin: Dwyt ti rioed isho gwrando ar John Wilias? Ti'n gwbod beth fydd 'i bregath o.

Hugh: *(Yn ei thynnu tuag at y dorf)* Gad i ni glywed beth sydd ganddo fo i'w ddeud.

John W: Pan ddaeth Mr Lloyd George ataf, a gofyn i mi ei gynorthwyo i godi Byddin Gymreig, roeddwn i'n teimlo rheidrwydd i ymateb i'w apêl daer. Ond beth sydd yn bod arnoch chi, hogiau ffermydd Môn? Byddwch ddynion! Sefwch i fyny yn eofn dros eich gwlad, dros eich rhyddid a thros eich Duw! Mi wnaf yr addewid hon i chwi, wŷr ieuanc Môn. Deuwch! Mi ddeuaf innau gyda chwi!

Llais o'r dorf: I uffern, John Wilias?

John W: I uffern ac i'r bedd os bydd rhaid. I unrhyw le dros ryddid, gyfaill! Yn ystod y dyddia nesa 'ma, mi fydd Mudiad Gwirfoddol ym Môn yn agor swyddfa yma yn Llangefni. Mae croeso i unrhyw un sydd am ymrestru i ddod yno.

John Williams yn dringo i lawr o'r sedd i gymeradwyaeth. Y dorf yn dechrau gwasgaru.

Elin: Tyrd o 'ma, Hugh!

Hugh yn ei thynnu yn nes tuag ato at ganol y dyrfa. Mae'n gafael ym mraich John Williams.

Hugh: Mr Williams?

John W: Ia?

Hugh: Hugh Hughes, Cae Cudyll, syr.

John W: *(Estyn llaw)* Sut dach chi, Hugh?

Hugh yn ysgwyd ei law yn frwdfrydig.

John W: A'r foneddiges yma?

Elin: Elin Pritchard, Tyrpeg Ucha.

John W: A! Tyrpeg Ucha, cartre'r hen Oswald Thomas gynt. Eich taid siŵr o fod?

Elin: Ia.

John W: *(Troi'n ôl at Hugh)* Dyn dewr oedd Thomas Hughes, eich tad, Hugh. 'Leias* o ddyn, a dyn fuo'n gwasanaethu ei wlad! A dyn a aberthodd 'fyd.

Hugh: Gin i ofn nad ydy 'Nhad yn gweld petha felly rŵan, Mr Wilias…

John W: *(symud yn ôl)* O! 'Dach chi'n deud?

Hugh: Mae o yn erbyn y Rhyfal yma, syr.

John W: Mae 'na lawar sy'n teimlo'r un fath â fo, Hugh. Y peryg ydy y bydd hi'n rhy hwyr i wneud un dim erbyn gwelan nhw'r gola. *(saib)* Ydach chi'n credu fel eich tad?

Hugh: Nac ydw, syr.

John Williams yn plygu i estyn i mewn i fag. Mae'n estyn darn o bapur i Hugh.

John W: Fuoch chi'n gwrando rŵan?

Hugh: Do, syr.

John W: Ydach chi am ymrestru? Ylwch, mae gen i fform yn fa'ma i chi.

Hugh: *(Yn astudio'r ffurflen)* Dydw i ddim yn siŵr. Mae 'nghalon i'n deud y dyliwn i.

John W: 'A pha beth bynnag a wneloch, gwnewch o'r galon megis yr Arglwydd.' Dyna ma'r 'sgrythura'n 'i ddeud.

Elin: 'Cerwch eich gelynion, gwnewch yn dda i'r rhai a wnelo ddrwg i chi!'

Saib.

John W: *(Edrych yn hir ar Elin)* Dw i'n siŵr y medrwn ni'n dau ddyfynnu'n o helaeth o'r Beibl, Miss Pritchard! Ond mi rydan ni'n credu bod hwn yn rhyfel cyfiawn, wyddoch chi, ac mae'r Hen Destament yn llawn straeon am ryfeloedd cyfiawn, a'r dynion fuo'n ymladd gyda'r sicrwydd bod eu Duw a'u Harglwydd yn eu harwain.

Hugh: Tydw i ddim yn dadlau â chi, Mr Wilias.

Elin: *(Torri ar ei draws)* Mi fyddai Ellis Cefn Mawr yn deud yn 'rysgol Sul mai'r Hen Destament oedd yn dangos i ni beth oedd camgymeriadau mawr dynoliaeth, ac mai yn y Testament Newydd yr oedd ein hachubiaeth.

* 'Leias – Un o broffwydi mawr y Beibl yn enwog am ei ffydd a'i ddewrder

John W: 'Cariad mwy na hwn nid oes gan neb.' O'r Testament Newydd y daw hwnna, Miss Pritchard! Ond fel y dywedais i, mi fedrwn ni'n dau ddyfynnu'r Beibl drwy'r dydd i brofi pwyntiau. *(Saib)* Ylwch, Hugh, mi wn i na fydd y penderfyniad yn un hawdd i chi mwy nag y buo fo, ac y bydd o, i laweroedd yn ystod y misoedd nesa 'ma.

Hugh: Rydw i'n ystyried ymrestru…

John W: Gwnewch rŵan, 'machgen i. Does yna ddim amser fel y presennol.

Hugh: Roeddwn i wedi meddwl cael amser i drafod hefo 'Nhad, ac ella Mr Roberts y gweinidog…

John W: Am bob awr yr oedwch chi, mae hi'n awr gohirio rhyddid, 'machgen i.

John Williams yn cerdded i ffwrdd. Hugh yn fyfyrgar.

Golygfa 8

Y golau wedi codi ar lolfa Cae Cudyll yn ystod rhan olaf yr olygfa ddiwethaf. Gwelwn Catrin yn cynorthwyo Tom i godi o'i gadair, cyn ei gludo am ei wely.

Wedi 'chydig eiliadau, daw Catrin 'nôl i'r ystafell, cribo ei gwallt, a sleifio allan.

Daw'r golau i fyny ar Dir Neb. Gwelwn Evan yn disgwyl. Daw Catrin i'r amlwg. Y ddau yn gwenu ar ei gilydd. Evan yn gafael yn dynn amdani a'i chofleidio. Mae'r ddau'n rhannu cusan hir.

Golygfa 9

Cegin Tyrpeg Uchaf drannoeth. Elin a Miriam yn bwyta'u brecwast yn dawel pan ddaw Evan i mewn yn sionc.

Evan: *(Wrth Elin)* Sut hwyl gawsoch chi ddoe?

Elin: Mi fuon ni'n gwrando ar John Williams, Brynsiencyn yn mynd trwy'i betha…

Evan: Glywis i ei fod o yn y dre.

Miriam: Welaist ti mo'r ffeit?

Evan: Ffeit? Pa ffeit?

Elin: Mi fuo rhaid i Hugh a finna gario Johnny'n ôl yma neithiwr ar ôl i'r sowldiwrs ymosod arno fo.

Evan: Johnny?

Elin: Yn y Bull.

Elin yn gwylio Evan yn ofalus.

Evan: Chlywis i ddim. Be ddigwyddodd?

Elin: Trio hwrjio* cwrw ar Johnny oeddan nhw, fynta'n gwrthod.

Evan: Wannwl!

Elin: Mi fuon ni'n chwilio amdanach chi…

* hwrjio – gwthio, gorfodi

Miriam: Mi fydd ei ben o'n cnocio'r bore 'ma. Roedd o wedi cael un neu ddwy slap go hegar i'w lygad.

Elin yn dal i edrych ar ei thad.

Evan: Be ddeudith Tom? Mae'n siŵr na wyddai o fod Johnny'n llymeitian hyd yn oed?

Miriam: Ac mi dorrith galon Catrin! Hitha'n ddynas mor agos i'w lle*.

Evan yn anesmwytho. Mae'n sylwi bod Elin a Miriam yn edrych arno. Mae'n pesychu'n ffyrnig. Miriam yn codi i estyn dŵr iddo. Wrth i Miriam godi, mae'n dal llygaid Elin. Mae'n amlwg bod y ddwy yn amau ei ymddygiad.

* agos i'w lle – idiom sy'n golygu: rhinweddol, cymeriad da, moesol

Golygfa 10

Ymhen peth amser.

Hugh ac Elin yn eistedd i gael picnic yn Nhir Neb. Gwelwn offer gweithio Hugh gerllaw. Tawelwch llethol am rai eiliadau wrth iddynt fwyta.

Hugh: Rwyt ti'n dawal iawn?

Elin: Sut wyt ti'n disgwyl i mi fod?

Hugh: Ac ystyried dy fod ti rŵan yng nghwmni dy annwyl gariad, mi faswn i'n disgwyl i ti wisgo gwên o leia!

Elin: Rwyt ti'n disgwyl i mi wenu tra dw i'n disgwyl i ti ddeud wrtha i dy fod ti'n mynd i gwffio yn y Rhyfal 'ma?

Hugh: Ma'r Rhyfal yn ffaith, Elin.

Elin: Dw inna'n ffaith hefyd! Neu ella ei bod yn haws gen ti anghofio hynny wrth feddwl fy ngadal i?

Hugh: Nid mynd a dy adael di ydw i, Elin, jyst teimlo'r alwad i fynd...

Elin: *(Yn codi a phacio'r fasged bicnic)* Teimlo'r alwad! Rwyt ti fel hogyn bach hefo tegan newydd. Chwara sowldiwrs heddiw, Duw ŵyr be fory!

Hugh: *(Yn codi)* Elin.

Hugh yn sefyll o'i blaen. Mae'n rhoi ei ddwy law ar ei hysgwyddau.

Hugh: Be bynnag ddigwyddith, ti'n gwbod 'mod i'n dy garu di.

Elin: Os oes gen ti unrhyw feddwl ohona i, ei di ddim i'r fyddin!

Hugh: Ma hynna'n annheg!

Elin: Ydy o?

Hugh: Ydy, ac yn hunanol!

Elin: Mi gei di neud y dewis felly.

Hugh: Pa ddewis?

Elin: Mi gei di ddewis rhyngdda i a'r fyddin.

Hugh: Elin!

Elin: Dw i o ddifri, Hugh. Gwna di dy ddewis. A phaid ti â meddwl y bydda i'n aros yn fa'ma yn disgwyl amdanat ti, oherwydd fydda i ddim, a wna i ddim.

Elin yn rhedeg i ffwrdd dan grio.

Golygfa 11

Lolfa Cae Cudyll.

Catrin: *(Erfyn yn emosiynol)* Tom! Dwed wrtho fo!

Tom: *(Oeraidd)* Mae o'n ddeunaw oed. Rown i'n cwffio yn Affrica yn 'i oed o.

Catrin: Tom! Be ar wyneb y ddaear sydd wedi dod drostat ti?

Tom: Be fedra i na neb arall 'i neud i'w rwystro fo?

Daw Hugh i mewn. Mae'n synhwyro tensiwn.

Hugh: Waeth i chi heb…

Catrin: O leia rwyt ti'n mynd hefo bendith dy dad!

Catrin yn troi ar ei sawdl a gadael am y gegin, gan roi clep i'r drws. Llygaid Tom a Hugh yn cyfarfod. Maent yn syllu ar ei gilydd. Tom sy'n edrych i ffwrdd gyntaf.

Hugh: Pam 'dach chi 'di newid eich meddwl?

Tom: Tydw i ddim wedi newid fy meddwl!

Hugh: *(methu deall)* Ond mi ddeudodd Mam rŵan.

Tom: Mae dy fam yn dewis a dethol be mae hi'n ddeud wrthat ti.

Hugh: Be 'dach chi'n feddwl?

Tom: Gofyn di iddi hi.

Hugh: Tydw i ddim yn dallt!

Tom: Na finna chwaith. Mae hi'n un anodd iawn ei dallt ar brydia.

Hugh: *(Yn ysgwyd ei ben)* Dw i'm yn eich dallt chi!

Tom: Be sy 'na i'w ddallt?

Hugh: Y newid meddwl 'ma!

Tom: Dydw i ddim wedi newid fy meddwl! Rwyt ti wedi gwneud dy benderfyniad, yn do?

Hugh: Do.

Tom: Dyna fo, 'ta. Be 'di'r iws i mi gega hefo ti na dadla?

Hugh: Ac Elin? Dach chi wedi meddwl amdani hi hefyd?

Tom: Ma hynny'n wahanol. Ti'n troi mewn cylchoedd ac ymysg petha ti'm yn 'u dallt!

Hugh: Be 'dach chi'n feddwl?

Tom: Rwyt ti'n union fel o'dd Evan Pritchard! Caru'r deryn er mwyn y nyth!

Hugh: Tydw i erioed wedi meddwl felly!

Tom: Dw i'n nabod Evan Pritchard!

Hugh: Be sy wnelo Evan Pritchard â hyn? Canlyn ei ferch o ydw i, nid y fo!

Tom: Canlyn dy... *(Brathu ei dafod. Mae'n ysgwyd ei ben a chwifio ei law at Hugh)* Dos allan. Dw i ddim am ddadla hefo ti. Gwna fel y mynni – dy fywyd di ydy o. Os wyt ti isho gneud smonach o betha, pam ddyliwn i boeni?

Hugh yn gadael.

Golygfa 12

Tir Neb. Johnny yn taro stanciau i lawr pan ddaw Elin ato.

Elin: W't ti'n well?

Johnny: *(Dychryn: gan nag oedd wedi 'i gweld)* Dw i'n dod ata fy hun. Dw i'n teimlo'n well rŵan.

Elin: Mae dy lygad di'n dal yn ddu.

Johnny: Mi wnaiff wella o ddydd i ddydd.

Elin: Ydy Hugh adra?

Johnny: Ydy.

Elin: Fedri di mo'i berswadio fo i beidio â mynd, Johnny?

Johnny: Os na fedri *di*, fedar neb.

Yn ystod y ddeialog, gwelwn y golau yn codi ar y swyddfa ymrestru yn Llangefni. Mae Sarjant yn gweld Huw yn llygadu'r posteri 'Britons! Your country needs YOU'/ 'God save the King!'/ 'Join your country's army!'.

Sarjant: Come in, lad!

Hugh: Just looking.

Sarjant: Aye! For the third time! Come in! Your country needs you!

Gwelwn Hugh yn mynd i mewn i'r swyddfa.

Golygfa 13

Lolfa Cae Cudyll. Tom yn eistedd yn ei gadair. Clywn sgrech annaearol yn dod o'r gegin.

Catrin: *(O'r gegin)* HUUUUUUUUGH!

Pen Tom yn gostwng. Daw Hugh i mewn i'r lolfa at Tom. Clywn sŵn wylo yn dod o'r gegin.

Tom: Be sy matar ar dy fam?

Hugh: Mam?

Tom: Ella 'mod i'n methu symud hefo'r hen goes 'ma, ond does 'na ddim byd yn bod ar 'y nghlyw i! Be sy matar arni? Atab fi!

Hugh: Dw i'n mynd mewn wsnos.

Tom: I'r Rhyfal?

Hugh: Ia.

Tom: Ti'n mynd i drênio gynta gobeithio?

Hugh: Dau fis yng Nghinmel.

Tom: Gei di weld be 'di disgyblaeth wedyn, washi! Mi ddoi di allan o'r fyddin 'na'n well dyn o dipyn nag yr ei di i mewn iddi.

Hugh: Os do' i'n ôl, yntê?

Tom: Dyna'r risg mae pawb yn ei gymryd wrth listio. Yn enwedig adag rhyfal. Does gen ti ddim ofn, oes?

Hugh yn ysgwyd ei ben.

Tom: Mi fedra i ddweud wrthat ti rŵan mai methu wnei di. A wyddost ti pam? Am nad ydy bod yn sowldiwr yn nhoriad dy fogail di*.

Hugh: Ac mi roedd o ynoch chi?

Tom: Oedd, mi roedd o ynof fi, ac mi fydda i'n diolch weithia 'mod i wedi fy nghlwyfo pan ges i, neu Duw yn unig ŵyr pa betha, na pha erchyllterau y baswn i wedi'u cyflawni... *(saib)* Pan, ac os doi di adref, Hugh. Yr adeg honno fydd y prawf.

* yn nhoriad dy fogail di – yn dy natur di/yn dy gymeriad di

Hugh: Dw i'm yn dallt.

Tom: Mi fyddi di wedi cael misoedd ar fisoedd o ladd. Bob dydd! Lladd a lladd a lladd. Dyna'r cwbl weli di. Gwaed yn llifo fel afon. Darna o ddynion ymhob man. Griddfan hogia diarth, a dy ffrindia di yn gorfadd yn aflonydd a'u perfadd a'u cyrff nhw wedi malu... Gwrando ar hynna am wythnosa ac wedyn mi fyddi di'n dod adra i dawelwch Môn. Mi ei di am beint. Ac mi fydd hi'n dawal. Mi fydd blas ac ogla'r cyrff yn troi yn dy ben di. Ella'r ei di i ganol ffeit! A wyddost ti be? Nid troi dy gefn wnei di, ond ysu am osod dwrn yn wyneb rhywun, ysu am waed. Mi fydd y ci gwyllt ynot ti wedi deffro. Mi fyddi di'n ôl yn y ffosydd. Yn arogli ac yn blasu'r gwaed. A bydd y creadur druan a fydd yn teimlo blas dy ddwrn di, fydd hwnnw ddim ond yn un arall. Un o filoedd. Fydd o'n cyfri dim. Yr unig beth fydd yn cyfri fydd ei waed o! Ogla'i waed o.

Hugh: Pam 'dach chi'n siarad fel hyn?

Tom: Am 'mod i wedi bod yna. Cred ti fi, mae'n fil gwaith gwell gen i dderbyn be ges i'n dâl am fy mwtshera – caethiwed cadair mewn cornel. Taswn i'n ddyn rhydd...

Hugh: Rydach chi'n diolch eich bod chi wedi'ch clwyfo?

Tom: Mi fuo ond y dim i mi droi'n llofrudd, a hynny o fewn fy milltir sgwâr fy hun. Dyna wnaeth rhyfel i mi. Wyddost ti, Hugh, mi gymrodd hi ganrifoedd i'n cyndadau ddadwylltio'r hen diroedd yma, ac mi gymrodd hi ganrifoedd wedyn i'n dadwylltio ninnau. Ond mi ddaru blwyddyn o ryfela ddifetha'r holl ganrifoedd yna i mi.

Hugh: Ond er gwaetha hyn, mi rydach chi'n fodlon i mi fynd i'r Rhyfal?

Tom: Rydw i'n hen erbyn hyn, Hugh. A dydy unrhyw beth a ddyweda i ddim yn cyfri llawer i ti, yn nac ydi?

Hugh yn gadael y stafell. Daw Catrin i mewn.

Tom: *(Diymadferth)* Rhamant ydy rhyfel iddo fo.

Catrin: Fel'na oedd o i chditha hefyd! Dw i'n cymryd na wnest ti ddim ceisio'i rwystro fo?

Tom yn ysgwyd ei ben.

Catrin: Wyt ti isho i mi ddeud wrthat ti pam na wnest ti geisio'i rwystro fo?

Tom yn edrych yn hir ar Catrin.

Tom: *(Heriol)* Dwed wrtha i.

Catrin: Am dy fod ti'n cario rhyw syniada gwirion yn dy ben am rywbath a ddigwyddodd ddeunaw mlynedd yn ôl!

Tom: Gwirion?

Catrin: Dy fab *di ydy* o, Tom! Dy gig a dy waed *di*! A dwyt ti'n gneud un dim i fy helpu i i'w amddiffyn o!

Tom: Wyt ti wedi edrych arno fo o ddifri, Catrin?

Catrin: Be ti'n feddwl?

Tom: Edrych arno fo er mwyn Duw! A dwed wrtha i wedyn nad Evan Tyrpeg Ucha weli di! Yn ei wedd o, yn ei edrychiad o, yn ei lais o! Ac mae o'n canlyn ei chwaer ei hun! Llosgach ydy peth felly!

Catrin: Tom!

Tom: Waeth i ti heb na gweiddi arna i, Catrin. Rydw i wedi troi a throsi'r hen betha 'ma yn fy meddwl ers blynyddoedd a heb ddeud dim, ond wir i chdi, fedra i ddim llai na chredu erbyn hyn mai bendith ydi'r Rhyfal 'ma!

Catrin: Rydw i'n deud wrthat ti, Tom, chdi pia fo! Mi ddyliwn i wybod!

Tom: Ac mi rydw inna'n gwbod be welis i!

Tom yn codi ei ddwylo i'w wyneb ac yn dechrau wylo. Catrin yn methu â chuddio ei blinder: erioed wedi ei weld fel hyn o'r blaen. Catrin yn penlinio o'i flaen a cheisio ei gysuro.

Catrin: *(Llawn euogrwydd)* Tom?

Tom: Mae'n rhy hwyr, rŵan, Catrin.

Catrin: Dydy hi ddim rhy hwyr i Hugh!

Tom: Mae'n rhy hwyr, Catrin.

ACT 2

Golygfa 1

Golau'n codi ar y sgrin. Gwelwn ddelweddau o'r rhyfel. Clywn sŵn gynau a bomiau, a lleisiau sowldiwrs (ond heb eu gweld).

Sarjant: *(Gweiddi)* What is your name?

Hugh: Hugh.

Sarjant: Hugh what?

Hugh: Hugh Hughes, syr!

Sarjant: That's better! And where does Hugh Hughes come from?

Hugh: Shir Fôn, syr.

Sarjant: Where? Say it in English, boy!

Hugh: Anglesey.

Sarjant: Anglesey? A lot of bloody sheep in Anglesey, eh?

Chwerthin sowldiwrs eraill. Yn ystod y sgwrs uchod, mae'r golau'n codi ar lolfa Cae Cudyll a daw Catrin i eistedd i ddarllen llythyr. Gwelwn Hugh yn Nhir Neb, a delweddau erchyll eto ar y sgrin.

Hugh: *(Sefyll yn unionsyth, yn wynebu'r gynulleidfa)*

Mi fu'n amser blin iawn yma… mynd tua wyth milltir i agor *trenches,* mor agos at y gelynion nes bod rhaid i ni fynd yn y nos a chyrraedd y pentre tua phedwar yn y bore, ac felly am bedair noson. Mi roedd bwyd yn brin, dim arian yn y boced a ninnau'n cysgu mewn ysgubor heb na *thop coat* na blanced a bron â starfio heb fawr o fwyd. A nawr mi rydan ni'n ymyl pentre arall wedi cael ei chwalu gan y gelyn, a phobl y lle wedi gorfod gadal y cwbl. Roedd gwartheg a lloeau wedi cael eu lladd gan y *shells* nes bod hi'n druenus gweld y lle. Rydan ni rŵan 'nôl yn y *trenches.* Lle ofnadwy. Lle peryglus. Wedi colli 31 heddiw rhwng y lladd a'r clwyfo. Dai Jones, Pedr a Francis wedi'u lladd. Cael trafferth mawr hefo twymo bwyd – peryg i'r gelyn weld y mwg ac anodd cnesu'n hunain. Mae hi'n helbulus iawn arna i…

Catrin: *(Yn darllen)* Yr eiddoch yn gywir, eich mab, Hugh Hughes, yn Ffrainc.

Catrin yn tynnu'r llythyr i'w chôl yn gariadus. Y golau'n codi ar gegin Tyrpeg Uchaf. Gwelwn Elin wrth y bwrdd. Mae golwg hynod boenus a hiraethus arni. Mae'n gafael mewn darn o bapur a phìn ysgrifennu.

Elin: Annwyl Hugh…

Mae'n ochneidio ac yn rhoi ei phen yn ei dwylo, yn adlewyrchiad o Catrin ar ochr arall y llwyfan.

Golygfa 2

Tir Neb. Hugh yn gorwedd wedi swatio yn ei dop-côt.

Hugh: *(Syrffedus) Bm, bm, bm!* Trwy'r amser… *Bm, bm, bm.* Gynnau a *shells*. A dan ni ddim eto wedi blasu gynnau mawrion y Jyrmans. Mater o amser ydy hi. Dw i yn y bedwaredd reng y tro yma, ond mi ydw i'n agosáu at y ffrynt lein. O leia mae gen i un noson arall yn niogelwch cymharol y ffos… er ei bod hi'n dywyll ac yn damp. Mi fydd hi'n noson hir – fel neithiwr, ac echnos a'r noson cynt… ond nid dyna sy'n fy mhoeni. Fory mae'r pumed dydd, a fory gawn ni'r gorchymyn i fynd dros y top ac ymlaen am y ffos nesa.

Dw i'n dal i gofio wyneb a llygaid Corporal Gayle. Er bod 'na bythefnos, naci… deunaw niwrnod ers hynny, a finna 'di gweld llawer mwy o gyrff a wynebau meirw erbyn hyn, mae llygaid Gayle yn dal i 'nilyn i. Roedd o'n un o'r cyntaf i fynd dros y top. Finna tu 'nôl iddo fo. Tir gwastad o'n blaenau ni yn llawn o gyrff. *(Gwên eironig)* Tir Neb. Roedd o'n rhedeg o 'mlaen i. Ar ei gwrcwd. Bwledi'n hedfan uwch ein pennau ni. Ninna'n stopio bob rhyw ugain llath i gael ein gwynt atan. Ond pan gododd o eto, mi syrthiodd yn ei ôl. Roedd 'i law o dros 'i glust, a gwaed yn treiglo drwy 'i fysadd. Dach chi'n gwybod be ddeudodd o? "O leia ga i fynd adra rŵan." Ac mi roedd o'n llonydd. Mi dynnis 'i law o'i glust, a dyna pryd gwelis i nhw. Yn grwn ac yn llawn ac yn dal i edrych arna i. Ond roedd o mor farw â'r hoel. Mi chwydis i pan welis i'r clwy. Roedd hanner 'i ben o 'di diflannu. Ond roedd o'n dal i edrych arna fi.

Mi gyrhaeddis i'r ffos ond roedd hi'n erchyll yno. Dynion a bechgyn yn sefyll ac yn rhythu ar y nyth nadreddog wrth ein traed ni. Roedd y ffos yn llawn. Llawn dynion byw a marw. Llawn bechgyn byw a marw. Darnau o ddynion, darnau o fechgyn. A dynion a bechgyn yn ochneidio a gweiddi mwrdwr. Dynion a bechgyn yn sgrechian a griddfan mewn poen. Dynion a bechgyn coch. Dynion a bechgyn a'u cnawd a'u gïau a'u hesgyrn yn fudr-noeth. Dynion a bechgyn yn dyheu am weld wyneb mam neu wraig neu gariad. Ac mi rydw i'n gwybod: os ydw i am weld Elin eto, mae'n rhaid i mi ddod trwy hyn. Mae'n rhaid i mi fyw...

Golygfa 3

Cae Cudyll. Tom yn eistedd yn smocio yn ei gadair. Y Genedl *yn ei law.*

Tom: *(Sbeitlyd)* Gwranda ar hyn, Catrin… *(Gwelwn Catrin yn ymddangos yn y drws o'r gegin)* 'Brwydro gyda'r bidog'! Pedwar deg pum mil wedi'u lladd. Gobeithio nad oedd Hugh yn ymyl fan'no, yntê?

Pryder yn llenwi wyneb Catrin. Daw Johnny i mewn o'r llofft.

Tom: Sbïa be ma hwn yn 'i ddeud 'ta, Johnny! *(Yn darllen)* Naw mil o gyrff… roedd rhai o'r Jermaniaid yn cymryd arnynt eu bod wedi marw ac yn cydorwedd â'r meirwon yn y ffosydd, ninnau'n gwybod am eu triciau ac yn gwthio bidogau i'w cyrff er mwyn eu clywed yn gwichian fel moch.

Johnny: *(Llawn gwewyr)* Ac i feddwl bod Hugh ni yng nghanol hynna.

Tom: Ei benderfyniad o oedd o, a neb arall!

Catrin yn edrych yn llawn dirmyg ar Tom. Yntau'n dal ei llygaid. Catrin yn dychwelyd i'r gegin. Johnny'n ysgwyd ei ben yn llawn anobaith.

Golygfa 4

Tir Neb. Hwyrach y noson honno. Catrin ac Evan yn ceisio ailwisgo'u dillad.

Catrin: Mae'n mynd yn anoddach…

Evan: Dim ots. Mi fydd yn rhaid i ni neud rhyw drefniada erill…

Catrin: Mi fuo raid i mi yrru Johnny acw hefo negas i ti er mwyn i mi gael dianc.

Evan: Mi fydd Miriam wedi 'i fwydro* fo.

Catrin: Bydd gobeithio, neu wn i ddim be wnaiff o os aiff o adra a ffeindio 'mod i allan yn rhywle…

Gwelwn Elin yn ymddangos yn y cefndir, ac yn stopio'n syn i graffu.

Evan: Deffro Tom?

Catrin: *(Yn codi)* Na! Dod i chwilio amdana i fwy na thebyg.

Evan: Well i ti fynd, 'ta?

Cusan hir.

Catrin: Pryd gwela i di nesa?

Evan: Nos Sadwrn nesa?

Catrin: Os bydd hi'n gyfleus.

Y ddau'n cusanu a chofleidio cyn ymadael i gyfeiriadau gwahanol. Gwelwn Elin yn dal i sefyll mewn braw wedi iddi eu gweld yn cofleidio. Elin yn plygu drosodd, fel petai mewn poen ac yn crio. Johnny yn cerdded o gyfeiriad arall.

Johnny: Elin? Chdi sydd yna?

Johnny: *(Yn nesáu)* Elin? Be sy?

Johnny'n plygu i lawr i'w chodi. Elin yn plannu ei phen yn ei fynwes a gafael yn dynn amdano. Mae hi'n beichio crio erbyn hyn. Johnny'n mwytho ei gwallt a'i chefn.

Johnny: Shd! Be sy matar, Elin? *(Gan afael yn ei hwyneb)* Be sy matar?

Elin yn gafael yn ei wyneb yntau. Mae'n syllu arno am ennyd cyn ei dynnu ati. Y ddau'n cusanu.

* Mwydro – byddaru, hurtio, drysu ei ben

Golygfa 5

Lolfa Cae Cudyll. Catrin yn eistedd yn darllen llythyr. Hugh yn Nhir Neb a delweddau erchyll ar y sgrin unwaith yn rhagor.

Catrin a Hugh: Annwyl Mam a Dad a Johnny…
Wedi bod yma rŵan ers tair wythnos ac ar y ffrynt ers diwrnod. Yn teimlo fy hun yn hel pryfaid, heb gael newid ers saith wythnos a'r dŵr a'r mwd yn dod i fyny at fy mhengliniau weithiau. Mi gafodd fy ffrind, Owen, ei glwyfo, ond nid yn ddrwg. Mae o yn yr hosbitol. Mae gennyf ffrindiau o hyd i siarad yr heniaith weithiau. Mi rydw i, fel eraill, yn mynd trwy bethau mawr heb gael fawr o orffwys ers mis, a gorfod bod fel llygod yn gwarchod a gwatsiad yn y nos. Dim ond dau ganllath oddi wrth y gelyn, ac maen nhw'n bihafio yn o lew, ond ella heno bydd yn bwys arnom. Does dim ond disgwyl am y gorau. Mae rhyfel yn erchyll, mae'n uffernol ar hogiau o bob ochr yn marw am ddim rheswm.

Golau yn diffodd yn Nhir Neb a Hugh yn cerdded oddi ar y llwyfan.

Catrin: Cha' i ddim deud llawer am fod y llythyr yn cael ei ddarllen, ond Chaplain sy'n darllen hwn am ei fod yn Gymraeg ac mae wedi dweud y ceith ei yrru. O leia 'dan ni wedi dod yn saff drwyddi. Eith rhywun i ddeud wrth Elin ac osgoi dweud wrthi pa mor arw ydi hi arna i. Eich mab, Hugh Hughes.

Catrin yn ysgwyd ei phen yn anobeithiol.

Golygfa 6

Tir Neb. Johnny wedi rhoi ei gaib i lawr ac wedi codi Elin dros ei ysgwydd a'i throi. Gwelwn gysgod Hugh y tu ôl i'r sgrin.

Elin: Paid, Johnny! Paid! *(Yn chwerthin)*

Johnny: Ddim digon cry i dy gario di adra, ia?

Johnny'n cychwyn cerdded.

Elin: Gollwng fi! Agor ffos wyt ti fod gwneud! *(Ildio)* Olreit, olreit, mi *rwyt* ti ddigon cry!

Johnny'n ei rhoi i lawr, ond heb ei gollwng. Mae'n ei thynnu ato. Y ddau'n chwerthin. Saib.

Elin: *(Chwithig)* Diolch i ti am fynd â fi adre nos Sadwrn.

Johnny: Does 'na'm rhaid i ti, ond mi fûm i'n poeni amdanat ti hefyd...

Elin yn gwenu'n gam. Saib.

Elin: Oes yna adega pan *na* fyddi di'n gweithio?

Johnny: Nos Sadwrn! Pam ti'n gofyn?

Elin: Unig dw i!

Johnny: *(Yn edrych yn hir arni)* Rhaid i mi orffen y ffos yma, neu mi fydd Dad yn ddyn blin!

Elin: Fyddi di wedi gorffen erbyn dydd Sadwrn?

Johnny: Mi fydda i wedi gorffen erbyn diwedd y pnawn, siŵr o fod.

Elin: Meddwl mynd i'r dre oeddwn i.

Johnny'n ailgydio yn ei gaib.

Elin: Rydw i'n mynd i gyfarfod rhai o'r genod erbyn cinio, ond maen nhw'n troi am adre tua phump. Meddwl aros am ryw awr neu ddwy wedyn oeddwn i... tasa gen i gwmpeini...

Johnny: Os bydda i wedi gorffen erbyn amser te... ond Arglwydd mi fydda i wedi blino.

Elin: *(Yn rhoi ei llaw ar ei law yntau)* Plîs tyrd. Mae gen i ofn cerdded adra fy hun.

Johnny'n edrych yn awgrymog ar Elin.

Golygfa 7

Hugh yn camu o du ôl i'r sgrin. Elin a Johnny wedi rhewi ar y llwyfan.

Hugh: Disgwyl y gorau a wnawn ni yma ond mae'n rhaid i mi ddweud nad ydw i'n medru dal hyn llawer yn hwy. Dw i'n meddwl am bob hogyn a gariaf ar *detail* claddu cyrff*. Mae yna fam a thad a gwraig, neu efallai blant adref yn disgwyl. A llythyr yn dod i ddweud ei fod wedi marw. Ond mae'r un peth yn wir am y gelyn. Mae cannoedd o'u cyrff nhw yn dal heb eu claddu. Chawn ni ddim gwneud. Mae'r cyrff yn troi'n ddu 'mhen amser ac yn stiff ac yn pydru.

Roeddwn i'n dysgu hanes uffern ddu yn y capel. Dwi wedi bod yn uffern ddu, Mam, a thrwy ras Duw mi gaf ddychwelyd oddi yma a disgrifio i Wormyngars beth ydy cwffio mewn rhyfel cyfiawn. Mi ydan ni wedi cael ordors i ddod yn ôl i *second trench* rŵan a gwneud *detail* claddu cyrff. Cyn claddu rydan ni'n tynnu *identity disc** a phethau o bocedi'r hogia a'u gyrru adref at y teulu. Mi rydan ni'n gwthio ymlaen ac yn ennill tir ond mae hogiau'n disgyn a cholli eu bywydau am bob *trench* enillwn ni. Mi rydan ni'n gorfod rhoi weiren bigog i gyfeiriad y gelyn ar dir neb. *(Gan edrych ar Johnny, sydd dal wedi rhewi)* Roeddwn i'n cofio Johnny a finna'n rhoi weirien bigog ar Dir Neb ni ac roeddwn i'n diolch nad oedd cwffio na gelyniaeth yn bod rhwng Cae Cudyll a Thyrpeg Ucha.

Johnny ac Elin yn dod at ei gilydd yn Nhir Neb. Y ddau yn dechrau cusanu'n wyllt. Hugh yn rhewi ar y llwyfan. Elin yn gafael yn llaw Johnny a syllu arno.

Elin: Johnny?

Y ddau yn cusanu'n wyllt eto.

Elin: Johnny? Beth am i ni fynd i rywle i garu go iawn?

Johnny: I ble?

Elin: Tŷ gwair? Wyt ti isho, Johnny?

Johnny: Oes, Elin! Oes!

Elin: Tyrd 'ta...

Elin yn arwain Johnny oddi ar y llwyfan. Hugh yn diflannu'n ôl y tu ôl i'r sgrin. Sŵn gynau a bomiau erchyll yn cynyddu. Clywn glec anferth a Hugh yn griddfan mewn poen.

* *detail* claddu cyrff – *detail* > *detachment*, adran. Gwaith claddu cyrff milwyr a oedd wedi marw ar faes y frwydr. Liw nos roedd yn rhaid mynd i faes y gad i gasglu cyrff y meirw, gan dynnu eiddo personol oddi arnynt yna'u claddu mewn un bedd mawr.

* *identity disc* – tagiau adnabod y byddai milwyr yn eu gwisgo o amgylch eu gyddfau. Arnynt roedd rhif personol y milwr.

Golygfa 8

Lolfa Cae Cudyll. Tom yn eistedd yn ei gadair. Johnny a Catrin yn eistedd wrth y bwrdd. Johnny yn gafael mewn darn o bapur.

Johnny: *(Yn darllen, mewn anghredinedd)* Hugh Hughes missing presumed dead in France. Deepest Sympathy. He made the utmost sacrifice for freedom, king and country.

Johnny yn cuddio ei ben yn ei ddwylo. Catrin yn mynd ato, a gafael amdano.

Catrin: Mae o wedi mynd, Johnny. Wedi mynd am byth…

Tom: *(Chwerw)* Y 'ffernols!

Tom yn codi'n simsan ar ei draed. Johnny a Catrin yn edrych arno wrth iddo afael yng ngwaelod ei ffon. Mae'n ei chwifio uwch ei ben, cyn glanio ar y llun o Lloyd George uwchben y silff ben tân. Tom yn disgyn ar ei hyd, gan daro'i ben ar garreg yr aelwyd.

Catrin: *(Mewn arswyd)* Tom! Tom!

ACT 3

Golygfa 1

Lolfa Cae Cudyll. Catrin yn eistedd ger y bwrdd. Ôl crio arni. Daw Miriam, Evan ac Elin i mewn.

Miriam: *(Gan afael amdani)* Ddrwg gen i glywad, Catrin. Ddrwg iawn gen i glywed.

Miriam yn troi ei chefn pan aiff Evan at Catrin. Evan yn dal Catrin yn dynn yn ei freichiau. Edrychiadau chwithig, cyn i Elin dywys Catrin yn ôl i'w chadair.

Catrin: Elin annwyl! Be ddaw ohonan ni, dywed?

Distawrwydd annifyr.

Evan: Ydy Tom yn effro?

Catrin: *(Yn ysgwyd ei phen)* Mi fydd yn cysgu am rai oriau eto meddai Dr Evans.

Miriam: Mi aiff Evan hefo Johnny i wneud beth bynnag sydd ei angen – mi fedar Elin a finna dy helpu di yma.

Catrin: Does yna ddim byd i'w wneud, 'sti.

Miriam yn amneidio ar i Evan fynd allan.

Evan: Tyrd, Johnny, mi awn ni i'r buarth. Mi wnaiff yr awyr iach les i ti.

Miriam yn syllu ar Elin, a hithau'n cilio am allan hefyd.

Elin: *(Wrth Evan)* Mi ddo i efo chi…

Pan glywn y drws yn cau, aiff Miriam at Catrin ac edrych i fyw ei llygaid. Mae'n gwenu ac yn gafael yn llaw Catrin.

Miriam: Rydw i'n gwybod, Catrin. Rydw i'n gwybod popeth.

Catrin yn syllu'n ôl, yn euog. Saib llethol o hir. Catrin ar fin agor ei cheg, ond Miriam yn rhoi ei bys ar ei gwefusau)

Miriam: Paid â deud dim! Mi wnawn ni ei gadael hi ar hynna. Dan ni'n dallt ein gilydd. Iawn?

Catrin yn nodio.

Golygfa 2

Wythnos yn ddiweddarach.

Lolfa Cae Cudyll. Catrin a Johnny yn eistedd wrth y bwrdd yn bwyta brecwast. Gwelwn Tom yn cysgu'n drwm yn y gadair gyda blanced drosto.

Johnny: Ydy Dad wedi deffro?

Catrin: Doedd o ddim gynnau. Wyddost ti sut mae o rŵan…

Clywn gnoc ar y drws cefn. Catrin a Johnny'n edrych ar ei gilydd, cyn i Catrin godi a mynd i'w ateb. Mae Johnny yn codi ac yn rhoi ei law ar ysgwydd Tom.

Johnny: Sut 'dach chi heddiw?

Tom: Go lew, 'sdi.

Daw Catrin i mewn yn cario parsel 'swyddogol' yr olwg.

Johnny: Gan bwy mae o?

Catrin: *(Yn ei agor yn grynedig)* Gan gadlywydd y gatrawd. *(Gan afael mewn llythyr, a'i ddarllen)* Deud fod Hugh wedi cael ei ladd ar y pymthegfed. *(Tynnu pethau eraill o'r parsel)* Mae pethau Hugh bach wedi cyrraedd. A llythyr gan Hugh! Ma'n rhaid ei fod o wedi cael ei sgwennu cyn… cyn iddo fo gael ei ladd…

Johnny'n ymuno â Catrin wrth y bwrdd. Mae'n codi rhai o eiddo personol Hugh yn dyner. Catrin yn ymlid dagrau wrth gydio yn y llythyr olaf. Gwelwn Hugh yn ymddangos yn Nhir Neb.

Llais Hugh: Annwyl Mam a Dad a Hugh…
Hwn yw'r llythyr ola. Peidiwch â hidio 'mod i'n drysu o achos mae pethau yn o arw arna i. Yr wyf wedi bod yn gweddïo am nerth y goruchaf ac yn barod rŵan i wneuthur yr hyn a dybiaf sy'n iawn. Mae geiriau 'Nhad yn llenwi 'mhen i am bobl wyllt a gwaed a darnau o gyrff dynion a hogiau. Tydi hyn ddim yn iawn. Byth. Dwi ddim yn medru dal dim mwy o hyn, Mam. Nid drwg fydd pob newydd a gewch chi amdanaf ac i chi gadw'r ffydd. Yr wyf yn sgwennu hwn ar ben-blwydd Elin felly gobeithio i chi fod yn deall, er ei bod yn arw arna i, mai gwaeth yw hi ar eraill yn y pridd yn y ffosydd yn Ffrainc.
Eich mab annwyl, Hugh Hughes.

Catrin yn beichio crio. Johnny'n gafael amdani'n dynn. Tom yn ysgwyd ei ben yn ddigalon.

Golygfa 3

Lolfa Cae Cudyll. Yn ddiweddarach yn y dydd. Elin yn eistedd yn yr union sedd ag yr oedd Catrin wrth y bwrdd yn darllen y llythyr gan Hugh. Mae Tom yn dal yn ei gadair. Daw Catrin a Miriam i mewn yn cario hambwrdd te.

Miriam: *(Wrth Catrin, am y llythyr)* Siŵr ei bod hi'n go chwithig 'i ddarllen o.

Elin: *(Yn codi ar ei thraed yn sydyn)* Dydy Hugh ddim wedi marw!

Miriam: Elin!

Elin: Dydy o ddim wedi marw! Sbiwch! *(Gan ddarllen yn uchel)* 'Annwyl Mam a Dad a Hugh…' mae o wedi rhoi'i enw 'i hun yn lle enw Johnny ar y llythyr.

Catrin: Be ti'n awgrymu?

Tom: Drysu oedd y creadur!

Elin: Nage! Gwrandwch eto. 'Yr wyf yn sgwennu hwn ar ben-blwydd Elin…' Fedar o ddim bod wedi marw!

Miriam: Elin!

Elin: Pythefnos yn ôl oedd hynny. Ar y 26ain dw i'n cael fy mhen-blwydd. Mae llythyr y dyn yna'n deud ei fod wedi ei ladd ar y pymthegfed. Negas gan Hugh ydy'r llythyr yma yn deud ei fod o'n fyw!

Miriam, Tom a Catrin yn fud.

Elin: *(Gan ddal y llythyr allan)* Sbiwch eto! 'Nid drwg fydd pob newydd a gewch amdanaf ac i chi gadw'ch ffydd…'

Catrin yn gafael yn ffyrnig yn y llythyr. Mae'n craffu arno.

Catrin: *(Calon yn llamu)* Pam galw Johnny yn Hugh?

Elin: Pam nodi'r union ddiwrnod oedd o'n sgwennu?

Tom: *(Cyffroi)* Dydy o erioed wedi gneud hynny o'r blaen *(Wrth Catrin)* Estyn ei lythyrau eraill o!

Catrin yn ufuddhau. Tom yn eu hastudio. Catrin yn mynd i'r drws cefn. Fe'i clywn yn gweiddi ar Johnny. Daw yn ôl i mewn.

Miriam: Fysa hi'n bosib iddo fo ffugio ei farwolaeth?

Catrin: Sut gwn i? Be feddyli di, Tom?

Tom: Dydy o ddim yn nhoriad 'i fogel* o i fod yn sowldiwr, ond myn diawl, mi waranta* mai wedi denig mae o!

Catrin: Sut wyt ti'n dweud hynny?

Tom: Roedd o ar *detail* claddu cyrff. Sbia! Mae o'n deud yn fa'ma – 'Cyn claddu rydan ni'n tynnu *identity disc* a phethau o bocedi'r hogia a'u gyrru adra' – dyna be mae o wedi'i wneud! Wedi rhoi ei betha'i hun i'w gyrru adra, ac wedi rhoi'r llythyr yma hefo nhw! Ac wedi cymryd y goes!

Catrin: Ond i le? A sut fasa fo'n dengid?

Daw Johnny i mewn o'r drws cefn.

Johnny: Be sy? Be sydd wedi digwydd?

Elin: Dydy Hugh ddim wedi marw!

Catrin: Wedi dianc mae o!

* toriad 'i fogel – idiom; yn ei natur o/rhan o'i gymeriad o,
* gwarantaf – rwy'n sicrhau, *I guarantee*

Golygfa 4

Lolfa Cae Cudyll. Tom yn eistedd yn ei gadair wrth y tân gyda phlanced ar ei lin. Catrin yn gorffen darllen llythyr wrth y bwrdd. Golwg wedi cyffroi arni. Johnny'n cerdded o amgylch yn anniddig. Elin yn eistedd wrth y bwrdd yn nerfus.

Johnny: Wel? Be mae o'n ddeud?

Catrin: *(Yn cau'r llythyr yn ofalus)* Mae Hugh wedi cyrraedd yr hosbitol yn Southampton ers dydd Llun, ac yn cael ei symud i fyny i'r hosbitol yn Nimbach ddydd Iau. Mae yna ryw Dr Hitchinson o Lundan yn dod efo fo bob cam…

Tom: Be mae o'n disgwyl i ni neud am hynny?

Catrin: Mi fydd yn rhaid i ni fynd i'w weld o…

Tom: *(Gwylltio)* Sut ddiawl ydw i fod mynd i Ddimbach?

Catrin: Mi fydd yn rhaid i mi fynd felly, 'yn bydd?

Johnny: Mi dria i ddod hefo chi, Mam.

Tom: A phwy sy'n mynd i edrach ar ôl y lle 'ma? Ac edrach ar f'ôl i?

Johnny: Un diwrnod fydd o, Dad.

Tom: Mae pob diwrnod yn cyfri, a'r gaea 'ma ar ein gwarthaf ni, Johnny!

Elin: Mi ddo i efo chi, Catrin.

Distawrwydd. Johnny yn edrych mewn anghredinedd arni, ond Elin yn edrych ar y llawr.

Tom: Dyna hynna wedi'i setlo, 'ta!

Johnny'n cymryd anadl ddofn. Mae'n edrych yn hir ar ei dad, yna ar Elin. Mae'n camu am allan. Clywn sŵn clepio'r drws. Saib.

Elin: Mi a' i ar ei ôl o.

Gwelwn Johnny'n cerdded yn Nhir Neb. Daw Elin ato, ond nid yw'n cymryd sylw ohoni.

Elin: Be sy'n corddi dy dad heno?

Johnny: Fel 'na mae o ers wsnosa.

Elin: Be sy'n dy gorddi di, 'ta?

Johnny: Dim byd, Elin. Dim byd.

Elin: Roedd yn rhaid i rywun fynd efo hi, Johnny. Fedrwn i ddim disgwyl iddi hi fynd ar ei phen ei hun, a doedd dy dad ddim am adael i titha fynd chwaith!

Johnny: Ond pam chdi, Elin?

Elin: Pwy arall fedra fynd? Glywist ti be ddeudodd dy dad? Meddwl ’mod i’n helpu o’n i!

Saib.

Johnny: Be ddeudi di wrtho fo?

Elin: Be fedra i ddeud wrtho fo?

Johnny: Deud y gwir?

Elin: Ella neith o’m dallt. Rodd llythyr y doctor yn deud nad oedd o o gwmpas ’i betha.

Johnny: *(Yn gafael ym mraich Elin)* Wnaiff hyn ddim dod rhyngddon ni, na wnaiff?

Elin: Be ti’n feddwl?

Johnny: Y ffaith bod Hugh adra… a ti’n gwbod, fel roeddach chi cyn iddo fo fynd i ffwrdd.

Elin: *(Gwenu, ond llais crynedig)* Chdi dw i’n ei garu, dw i’n addo hynny i ti, Johnny. Wna i ddim torri’r addewid honno.

Johnny’n ei thynnu ato, a’i gwasgu’n dynn.

Golygfa 5

Tir Neb. Gwelwn ddelweddau erchyll rhyfel ar y sgrin. Sŵn gynau a bomiau. Clywn leisiau Elin, Catrin a Dr Hitchinson. Gorau oll y mwyaf hunllefus yw'r awyrgylch.

Dr Hitchinson: Mrs Hughes? Dr Emile Hitchinson.

Catrin: Dyma Elin Pritchard.

Dr Hitchinson: Miss Pritchard. Chi ydy cariad Hugh?

Elin: *(Yn gloff)* Ym. Na. Ffrind i'r teulu.

Dr Hitchinson: Does yna neb yn siŵr iawn be sydd wedi digwydd i Hugh. Rhywsut... fe aeth ar goll ynghanol yr ymladd ar y ffrynt. Mae'n bosib bod rhywun yn meddwl ei fod yn farw, ac wedi tynnu ei ddisg adnabod a rhoi'i bethau personol mewn bag. Mae un peth yn sicr, mae o wedi cael anaf go ddrwg i'w ben. Mae yna ddarn o shrapnel yn dal yn sownd yn ei ben, a dyna sy'n... dyna sy'n gyfrifol am y cyflwr mae o ynddo fo rŵan...

Catrin: Lle mae o, Doctor? Gawn ni 'i weld o plîs?

Maent yn cael eu harwain i ystafell Hugh.

Catrin: Hugh? Hugh? Mam sy 'ma. Mam ac Elin.

Dr Hitchinson: Hugh? Mae dy fam ac Elin wedi dod i dy weld ti.

Elin: Dan ni yma, Hugh.

Hugh: Corporal Gayle, Coy, Jaci bach, Kelly... wedi marw.

Catrin: *(Dagreuol)* 'Ngwas annwyl i... Hugh! 'Nghariad annwl i! Mam sy 'ma!

Hugh: *(Gweiddi) 'Ten-shun! Company A! Fix Bayonets! On my first whistle you will assemble at the foot of your nearest ladder; on my second whistle you will follow your corporal over the top. Understood? Yes sir! Yes sir! Yes sir!*

Dr Hitchinson: Hugh! *(Gorfod gweiddi'n uwch)* Hugh, tyrd rŵan...

Tywyllwch a saib hir

Daw'r golau i fyny ar lolfa Cae Cudyll. Hugh yn eistedd mewn cadair freichiau wrth ymyl Tom ger y tân. Mae'n ysgwyd yn ôl ac ymlaen, wrth edrych i lawr ar un pwynt penodol ar y llawr. Mae Johnny'n eistedd ger y bwrdd a daw Catrin i mewn yn cario platiau i'w rhoi arno.

Hugh: *(Yn neidio ar ei draed, gan sythu ei gap pig, a bloeddio)* Yesss sirrr!

Catrin: *(Yn rhedeg ato i'w gysuro)* Ista, Hugh bach!

Hugh: *(Ufuddhau)* Yesss sir!

Hugh yn ymdawelu. Tom a Johnny yn edrych ar ei gilydd. Catrin yn ailymafael yn ei gwaith, wrth daflu cipolwg arno. Hugh yn dechrau crio dagrau diemosiwn.

Golygfa 6

Tir Neb. Dyddiau'n ddiweddarach. Johnny ac Elin yn eistedd gyferbyn â'i gilydd ar y llawr.

Johnny: Rwyt ti'n dawel iawn, Elin?

Elin: Ydw i?

Johnny: Ydy'r ffaith bod Hugh yn ôl yn dy boeni di?

Elin: *(Gan roi ei llaw ar ei wyneb)* Nac ydi, Johnny, tydi hynny ddim yn fy mhoeni i. Mae beth oedd rhwng Hugh a finna wedi gorffen. Mi orffennodd y diwrnod y penderfynodd o ymuno â'r fyddin.

Johnny: Dwed wrtha i beth sy'n bod, 'ta.

Elin: Mae pob dim mor gymhleth!

Johnny: Be? Be sy mor gymhleth?

Elin: Sefyllfa Dad a Mam.

Johnny: Sut mae hynna'n effeithio arnon ni?

Elin: *(Oedi)* Johnny, dydw i ddim isho dim cyfrinachau rhyngon ni… a dyna sy'n bod acw, dydy Dad a Mam ddim yn onest hefo'i gilydd, ac o'r herwydd maen nhw'n methu siarad am eu problemau.

Johnny: Oes gynnon ni broblem felly?

Elin: Oes. *(Gwelwn feddwl Johnny yn gwibio ar ras)* Os dyweda i rywbath wrthat ti, wnei di 'i gadw fo'n gyfrinach?

Johnny: Gwnaf. Wrth gwrs y gwna i!

Elin: Wnei di ddim deud wrth yr un enaid byw?

Johnny: Na wna! Rydw i wedi rhoi 'ngair i ti.

Elin: Mi wnes i ddilyn Dad adre o Langefni un nos Sadwrn – y nos Sadwrn honno pan ddest ti i 'nghyfarfod i ar y llwybr. *(Johnny yn nodio ei gydnabyddiaeth)* Roedd o'n dod adra'n gynnar o'r dre, ac yn cyfarfod dynes arall ar Dir Neb!

Johnny: Be?

Elin: Dyna pam oeddwn i'n rhedag adra'n crio, Johnny!

Johnny: *(Yn gafael amdani)* Pam na fuaset ti wedi dweud wrtha i ynghynt? Ti wedi cadw hyn i chdi dy hun?

Elin: Mae'n waeth na hynna, Johnny!

Johnny: Pam na fuaset wedi deud ynghynt?

Elin: Cyfarfod dy fam roedd o!

Johnny: Be? *(Gan afael yn ei hysgwyddau i'w wynebu)* Be ddeudist di?

Elin: *(Cwffio dagrau)* Cyfarfod dy fam oedd o, ac fe fuon nhw'n cofleidio'i gilydd ar lwybr Tir Neb, cyn mynd dros y ffens i'r coed.

Johnny'n gwasgu ei law dde yn ddwrn, ac yn brathu yn galed.

Elin: Ma'n ddrwg gen i, Johnny, ond roedd rhaid i mi ddeud wrtha chdi.

Johnny: Mam! Hefo dy dad?

Elin: Plîs wnei di ddim deud? Na wnei?

Johnny: Na! Wna i ddim deud, Elin.

Elin yn gafael amdano a'i wasgu'n dynn. Holl gorff Johnny yn ysgwyd.

Golygfa 7

Ymhen peth amser.

Lolfa Cae Cudyll. Daw Johnny i mewn a gwisgo'i esgidiau am ei draed. Mae Hugh yn dal i eistedd yn swp diymadferth yn ei gadair. Daw Catrin i mewn yn cario amlen swyddogol yr olwg a'i rhoi i Johnny. Johnny'n ei hagor ar unwaith, wrth i Catrin fynd â diod i Hugh. Wrth droi, gwêl wyneb Johnny yn disgyn.

Catrin: *(Didaro)* Be ydy o, Johnny?

Johnny: *(Oeraidd)* Llythyr gin y fyddin… *'and you are hereby summoned to be examined medically'*… wsnos i fory… yn Borth.

Catrin: Mae gen ti resymau dros wrthod.

Johnny: Fedra i ddim, yn na fedra?

Catrin: Rhaid i rywun weithio'r tir yma a chadw Cae Cudyll i fynd!

Johnny: A chael fy ngalw'n gonshi*?

Catrin: Wedyn ma salwch dy dad, a Hugh.

Saib wrth i Johnny hel ei feddyliau.

Catrin: Mae gen ti achos, 'sti.

Johnny: *(Heb wrando)* Be?

Catrin: Mae gen ti achos i aros adra.

Johnny: Dw i ddim yn meddwl, Mam. Ma 'na ddau ddyn arall yma'n toes?

Catrin: Ond fedar yr un o'r ddau redag y lle 'ma!

Johnny: Esgus i fynd fydd hynny i'r bobol yma.

Catrin: *(Erfyniol)* Dw i'n meddwl y dyliat ti gael gair hefo Mr Roberts y gweinidog, a llunio llythyr yn egluro'r amgylchiadau!

Johnny: *(Diymadferth)* Fentra i na wnaiff hynny ronyn o wahaniaeth!

Tom yn ymddangos yn nrws y gegin.

* conshi – gwrthwynebydd cydwybodol o'r enw Saesneg, *conscientious objector*. Unigolyn sy'n gwrthod mynd yn filwr neu'n gwrthwynebu rhyfel ar sail ei ddaliadau moesol neu grefyddol.

Catrin: Beth bynnag am hynny, well i ni fynd i ddeud wrth dy dad. Mi wyddost cystal â minnau beth ddywedith o!

Tom: *(Wrth Johnny)* Be s'gin ti i'w ddeud wrtha i?

Catrin: Ma 'i lythyr o 'di cyrraedd bora 'ma. *(Gwelwn ymateb o siom yn osgo Tom)* A dw i 'di deud wrtho fo am fynd at Mr Roberts i gael llythyr i ddeud pan NA fedar o fynd.

Tom: *(Chwerw)* 'Sna'm pwynt trio.

Catrin: *(Gweiddi)* Ma gynno fo resymau, a'r rheiny'n rhesymau dilys.

Tom: *(Gan bwyntio at Hugh ac ato'i hun)* Dyma i chdi ddau reswm!

Johnny: Does yna ddim pwrpas i chi weiddi ar eich gilydd a chitha'n cytuno!

Tom: A be wyt ti am wneud felly?

Johnny: Mynd.

Tom: Jyst mynd?

Johnny: Oes gen i ddewis?

Catrin: A be sy'n mynd i ddigwydd i ni?

Johnny: Union yr un fath ag sydd yn digwydd i bob teulu arall ble mae'r hogia'n gorfod mynd. Dal ati i fyw gora medrwch chi.

Tom: *(Ffrwydro)* Dal ati i fyw, ia? A sut y gwnawn ni hynny? Hugh yn mynd rownd y defaid o'i gadar, ia? Y fi yn bwydo'r gwartheg bob nos ar fy ffon? A dy fam yn godro, hollti plocia a thrin y tir? Titha at dy fogal mewn mwd yn gwneud unrhyw beth mae rhyw lwmp o Sais ddiawl yn 'i ddeud wrthat ti!

Johnny: Dach chi'n gwbod y gallwch chi fynd ar ofyn Evan Pritchard…

Tom: Evan Pritchard! Dyn gwadan fudur a sawdl lân ydy Evan Pritchard! Dydy'r cythraul yna ddim yn dod yn agos yma fyth eto!

Johnny: Ond… *(Mae'n dal llygaid Catrin cyn parhau. Mae'n sylwi ar euogrwydd ar ei hwyneb.)*

Tom: Mi holltwn ni flocia at y gaea'r wsnos yma…

Johnny: Dach chi'n dechra'n gynnar iawn?

Tom: Well i ni neud yn fawr ohonat ti, yn tydi, ac mae dau yn well nag un.

Golygfa 8

Stesion Bangor. Johnny'n dod oddi ar y trên ac Elin yn rhuthro ato a'i gofleidio. Mae Elin yn fyfyrwraig yn y Coleg ym Mangor erbyn hyn.

Johnny: Roeddat ti'n fy nisgwyl i felly?

Elin: Doeddwn i ddim yn siŵr pa drên y baset ti arno fo, ond mi faswn i yma yn disgwyl am bob un!

Johnny: *(Gan ddal basged i fyny iddi)* Mae gen i lond y fasged yma o betha da i ti. O Gae Cudyll ac o Dyrpeg Ucha. *(Saib)* Sut wyt ti'n setlo i lawr yn y Coleg?

Elin: Iawn. Dw i wedi gwneud chydig o ffrindia newydd. Ond ma cysgod y Rhyfel 'ma hyd yn oed ar y Coleg. *(Johnny'n ceisio magu'r plwc i ddweud wrthi)* Mae 'na adroddiadau'n dod bob dydd am gyn-fyfyrwyr sydd naill ai wedi'u clwyfo neu'u lladd. Wyddost ti nad oes yna ddim ond wyth o ddynion ar ôl yma? *(Saib)* Sut mae pawb?

Johnny: Mi fydda i'n gweld tipyn ar dy dad... mae o'n galw acw'n aml. Ychydig fydda i'n weld ar dy fam.

Elin: Sut mae pawb yng Nghae Cudyll?

Johnny: Hugh yn dal 'run fath. Dad yn gwaethygu – a'i dempar a'i iechyd yn dirywio.

Elin: A dy fam?

Johnny: Fel gallet ti ddisgwyl.

Elin: Wnest ti ddim deud dim...

Johnny: *(Yn ysgwyd ei ben)* Mae 'na ormod o betha erill wedi mynd â fy meddwl i. *(Tawelwch)* Be leciat ti 'i wneud bore 'ma?

Elin: Be am fynd adra? Cerddad o Langefni i Gae Cudyll... oedi am funud neu ddau yn Nhir Neb, mynd ymlaen wedyn i'r tŷ gwair...

Johnny: Elin...

Elin: Dyna'r petha dw i'n 'u colli fwya.

Johnny: Mae fy mhapura i wedi cyrraedd. *(Elin yn aros ac yn edrych arno'n syn. Johnny yn nodio arni)* Isho i mi fynd i'r Borth ac wedyn am fedical i Wrecsam...

Elin: Ond mae gen ti resymau dros wrthod! Rhaid i rywun ffermio Cae Cudyll!

Johnny: Dyna be ddeudodd Mam hefyd.

Elin: Rwyt ti'n mynd i wrthod… yn mynd i apelio, yn dwyt?

Johnny: Wn i ddim a oes yna bwrpas. Mae'n amlwg eu bod nhw isho hel cymint ag y medran nhw i'r Rhyfal.

Elin: Ond be amdana i? Be amdanan ni?

Johnny: Faset ti…?

Elin: Faswn i be?

Johnny: Faset ti'n fodlon ystyried fy mhriodi i?

Elin: Gwnaf! Wrth gwrs y gwna i, Johnny!

Y ddau yn cofleidio a chusanu.

Elin: Dw i ddim isho dy golli di, Johnny!

Johnny: Wnei di ddim. Dw i'n addo hynny i ti.

Cusan arall.

Golygfa 9

Peth amser yn ddiweddarach.

Cegin Tyrpeg Ucha. Evan yn eistedd yn ddiamynedd wrth y bwrdd. Mae'n amlwg yn disgwyl Miriam. Egyr y drws a daw Miriam i mewn.

Evan: Lle uffar w't ti 'di bod?

Yna mae'n gweld Catrin y tu ôl iddi.

Catrin: *(Yn disgyn i'w freichiau, dan sgrechian)* Evan!

Evan: 'Na fo, 'na fo. Be sy matar? Be sy 'di digwydd?

Evan yn troi at Miriam, ond hithau wedi troi ei chefn arno, yn paratoi i fynd allan eto.

Miriam: Mi gaiff Catrin ddweud ei stori wrtha chdi. Mi a' i i Gae Cudyll.

Miriam yn gadael, gan edrych ar y ddau yn gafael yn ei gilydd.

Evan: Be sy, Catrin? Be sy matar?

Evan: *(Gan dywys Catrin at gadair).* Rŵan, deuda wrtha i be sy 'di digwydd?

Catrin: *(Gan estyn hances wen o'i phoced)* Tom... mae o wedi cael strôc, ac ma Hugh 'di trio lladd Johnny!

Evan: Be?!

Catrin: *(Siarad drwy ddagrau)* Ro'dd Johnny'n hollti blocia yn y sgubor pan glywodd Tom y sgrechiada 'ma. Mi ymlwybrodd allan, ac yno mi welodd Johnny'n gorwadd ar lawr a Hugh uwch ei ben o hefo'r fwyall. Roedd o 'di taro Johnny yn 'i droed. Roeddwn i 'di bod ag wyau i Mr Roberts Gweinidog, ac mi ddoth o i fy hebrwng i adra ac i weld Tom. Fan'no y ffeindion ni nhw... yn y sgubor. Ac wrth ddeud 'i stori mi a'th Tom yn sâl...

Evan: Mi ddo i i lawr efo chdi rŵan...

Catrin: Mi fydd yn rhaid i rywun aros hefo Tom; mi fydd yn rhaid i rywun fynd hefo Johnny, ac mi fydd angen rhywun i gadw cwmpeini i Hugh hefyd... Yn enwedig os ân nhw â fo i mewn! Damwain oedd hi! Mae'n rhaid mai damwain oedd hi! Fasa Hugh byth yn brifo Johnny...

Catrin yn dechrau wylo eto. Evan yn estyn ei gôt.

Golygfa 10

Rheinws. Hugh yn eistedd wrth fwrdd gyferbyn â heddwas.

Heddwas: Atab fi! Roeddat ti a dy frawd yn y sgubor yn torri coed. Pan ddaeth dy dad i mewn, roedd dy frawd ar lawr a chditha'n plygu drosto fo hefo'r fwyall yn dy law. Be ddigwyddodd? Dyna'r cwbl dw i isho'i wbod. Be ddigwyddodd?

Hugh ddim yn ateb. Mae'n parhau i syllu ar yr heddwas. Cnoc ar y drws a daw Sarjant i mewn.

Sarjant: Busnas mesi iawn, PC?

Heddwas: Trio cal rhyw fath o stetment oeddwn i rŵan, syr. Ond mae o 'di 'i anafu yn y Rhyfal. Shrapnel yn 'i ben, yn ôl y doctor. Methu deud dim.

Y Sarjant yn edrych ar y ddalen bapur sydd ar y ddesg.

Sarjant: Hogyn Tom Hughes, Cae Cudyll ydy o?

Heddwas: Ia, syr. Johnny, ei frawd o sydd wedi brifo. Wedi torri 'i droed i ffwr'.

Sarjant: Hugh Hughes?

Dim ymateb gan Hugh. Y Sarjant yn cerdded rownd y gadair nes y mae tu ôl i Hugh. Mae'n plygu nes bod ei geg wrth ei glust.

Sarjant: *(Gweiddi nerth esgyrn ei ben)* Hugh Hughes!

Hugh yn neidio ar ei draed, nes mae'n taro'r Sarjant o dan ei ên.

Hugh: *(Gweiddi)* Yes, sir! Ready to go at your command. Yes, sirrr.

Hugh yn saliwtio. Yr heddwas yn helpu'r Sarjant i'w draed. Y Sarjant yn cymryd peth amser i ddod ato'i hun. Hugh yn dal ar ei draed wedi rhewi mewn saliwt.

Sarjant: Methu siarad! Y cythra'l! *(Gan sefyll o flaen Hugh)* Asolting a Polîs Offisyr oedd hynna!

Y Sarjant yn camu yn ôl cyn saethu dwrn i wyneb Hugh. Hugh yn disgyn ar ei gadair. Y gadair yn troi drosodd. Hugh yn disgyn i'r llawr yn ddiymadferth.

Sarjant: Roeddach chi'n dyst i'r asolt...

Heddwas: Welais i mo...

Sarjant: Roeddach chi'n dyst i'r asolt! Ac mi roedd yn rhaid i minnau amddiffyn fy hun, yn toedd?

Heddwas: *(Petrusgar)* Oedd, syr.

Sarjant: Lluchiwch ddŵr drosto fo. Wedyn, mi sgwennwn ni ei gyfaddefiad o.

Golygfa 11

Peth amser yn ddiweddarach.

Lolfa Cae Cudyll. Tom yn gorwedd ar wely yn agos at y tân. Mae'n edrych yn fwy musgrell nag erioed o'r blaen. Catrin yn sefyll gerllaw â'i chefn ato.

Tom: *(Chwerw/bregus ei iechyd)* 'Di o'm hannar call siŵr!

Catrin: *(Syrffedus)* Ma Hugh yn sâl, Tom.

Tom: Roedd o'n gwybod yn iawn be oedd o'n neud…

Catrin: Mi ddeudodd Dr Hitchinson mai *shell-shocked* oedd o. Ac o leia does dim rhaid i Johnny fynd i'r Rhyfel rŵan…

Tom: Trio lladd 'i frawd… Hwnnw yn ei wely am fisoedd 'di colli'i droed. Wedyn ymosod ar y plisman yna…

Catrin: Tom!

Tom: Isho'r ffarm mae o!

Catrin: Paid â bod yn wirion!

Tom: Talu 'nôl, am fod Johnny ac Elin yn mynd i briodi. Troi'r fwyall ar 'i frawd ei hun, os brawd 'fyd!

Catrin: Be wyt ti'n 'i feddwl?

Daw Evan i mewn wedi clywed y sgwrs.

Evan: Rw't ti'n llawdrwm braidd ar Hugh, Tom.

Tom: Hy! *(Saib)* Wyt ti'n meddwl na wn i ddim, Evan?

Evan: Gwbod be?

Tom: Hugh, yntê?

Evan: Be ti'n ddeud?

Tom: Pam ddiawl ti'n meddwl na fûm i'n rhy daer iddo fo beidio â mynd i'r Rhyfel?

Catrin: Tom! Be ti'n ddeud?

Tom: Mi fûm i'n edrych ar y ddau ohonoch chi'n baglu ar draws eich gilydd i drio'i amddiffyn o! Pan welais i hynny, mi wyddwn i sicrwydd.

Evan: Be ar wyneb y ddaear wyt ti'n feddwl?

Tom: Paid â sbio arna i fel'na! Mae o'r un pryd a gwedd â chdi!

Catrin: Ti'n drysu, Tom!

Tom: Hugh ac Elin yn caru, 'n toeddan. Y ddau o'r un tad!

Catrin: Tom!

Tom: Dw i 'di ama erioed, Catrin. Mae ysbryd 'i dad ynddo fo. Mi fuest tithau'n caru'r deryn er mwyn y nyth, yndo Evan?

Evan yn distewi.

Catrin: Tom! Paid â rhyfygu!

Tom: Mi roddodd hynna'r saim yn y tân, yn do? Ti'n dawal ar y diawl, Evan? Beth bynnag, rydw i wedi cal deud fy neud rŵan.

Evan: Tydi o ddim yn wir, Tom.

Tom: Gad i mi glywed Catrin yn deud hynna, Evan.

Evan: Dwed wrtho fo, Catrin!

Catrin: Waeth i mi heb â dweud dim byd wrtho fo. Mae o wedi gwneud ei feddwl i fyny, a does 'na ddim newid arno fo…

Tom: Faswn i ddim wedi cenhedlu cachgi, na llofrudd!

Catrin: Mae Hugh yn sâl, Tom.

Tom yn troi ar ei ochr.

Tom: *(Bron wrtho'i hun)* Chi'ch dau pia fo. 'Drychwch chi ar 'i ôl o. Y fo a'i strymantia*.

* strymantiau – castiau drwg

Golygfa 12

Lolfa Tyrpeg Ucha. Evan yn cyrraedd. Miriam yn codi o'i chadair.

Miriam: Lle fuost ti?

Evan: Yng Nghae Cudyll. Dydy'r doctor ond yn rhoi chydig o amsar i Tom. Mae o wedi colli'r ewyllys i fyw, mae'n debyg.

Miriam: Be wnei di wedyn?

Evan: Wedyn?

Miriam: Mi fydd Catrin yn ddynes rydd, a dw inna'n bwriadu gadael...

Evan: Be ti'n feddwl, gadael?

Miriam: I rywla o'ma.

Evan: Miriam! Mi driwn ni weithio rhywbath...

Miriam: Waeth i ti heb, Evan. Mae popeth yn un smonach.

Saib o gytundeb rhwng y ddau. Maent yn dal llygaid ei gilydd.

Miriam: O leia fydda i ddim yma i ddrysu'ch cynlluniau chi.

Evan: Does yna fawr o bres i chdi...

Miriam: *(Chwerthin)* Os mai dyna'r unig beth sy'n dy boeni di...

Evan: Ond mi fydd yn rhaid i ti fyw!

Miriam: Os bydd Elin a Johnny hefo'i gilydd, o leia mi arhosith Tyrpeg Ucha yn y teulu.

Evan: Ond mi fydd yn rhaid i ti fyw!

Miriam: Byw?!

Miriam yn gadael.

Golygfa 13

Mis yn ddiweddarach.

Tir Neb. Johnny ar faglau. Elin yn cyd-gerdded.

Johnny: Mi fedrwn ni ddewis Tyrpeg Ucha neu Gae Cudyll.

Elin: Be 'di bwriad dy fam a 'Nhad?

Johnny: Cyd-fyw am wn i.

Elin: Yn lle?

Johnny: Lle bynnag ddewiswn ni, mi ân nhw i'r llall. Dw i'm yn ama y basan nhw'n lecio cydio'r ddau le yn 'i gilydd.

Elin: A ni fydd pia'r cwbwl ryw ddiwrnod.

Johnny: A Hugh.

Distawrwydd annifyr. Johnny yn pwyso ar ei faglau.

Elin: Dydy Mam ddim wedi dweud pryd nac i ble mae hi'n bwriadu mynd, ond mi fydd yn ein gadael un o'r dyddia nesa 'ma.

Johnny: Wyt ti'n poeni amdani?

Elin: Er ei phechodau – yndw!

Johnny: A dy dad? Be amdano fo? A fi? Yr un ydy'n pechodau ni, Elin. A thitha o ran hynny!

Elin: Be w't ti'n feddwl?

Johnny: Bradwyr ydan ni i gyd. Rydan ni i gyd wedi bradychu rhywun. Mi ddaru ni fradychu Hugh. Ac mi fydd yn rhaid i ni fyw efo hynny. *(Ei lais yn cracio)* Mi fydd yn rhaid i mi fyw…

Elin: O, Johnny!

Johnny: Fedra i byth ddweud wrthat ti'r euogrwydd sydd y tu mewn i mi, Elin. Mae be wnes i'n waeth… yn waeth o lawer.

Elin: Paid, Johnny! Paid. Hisht.

Johnny: Ond ma rhaid i mi gael dweud.

Elin: Na! Does dim rhaid i ti ddweud dim. Rydw i'n dallt. Iawn? Mae beth sydd wedi digwydd y tu ôl i ni.

Golygfa 14

Hugh yn eistedd yn y Rheinws.

Hugh: *(Wrth y gynulleidfa)* Annwyl Mam a Dad a Johnny, Mae pawb yn garedig am fod Nadolig yn dod. Mi ges bapur a phensil gin Metron i sgwennu adra. Yn union fel o'n i'n gneud o'r *trenches* cyn mynd yn sâl. Oeddwn i eisio deud am helynt Johnny am 'mod i rŵan yn cofio. Oeddwn i yn yr iard ac mi glywais sŵn torri coed. Oeddwn i'n gwbod bod Johnny'n torri coed yn y sgubor ac es i mewn i'w weld o. Oedd Johnny'n crio wrth dorri blociau. Sbiodd arna i. "Dw i'm isho mynd, Hugh," medda fo, "Dw i'm isho mynd." "Dw i'm isho mynd," medda fo wedyn a 'nath o godi'r fwyell uwch ei ben. Oedd ei droed o ar y blocyn mawr a rhoddodd o'r fwyall i lawr ar ei droed. Oedd o'n sgrechian ac oedd gwaed ymhobman a'r fwyell dal yn sownd yn ei droed o. *(Yn codi ar ei draed, a cherdded tuag at lolfa Cae Cudyll)* 'Nes i dynnu'r fwyell a gafael am Johnny a wedyn daeth Tada i mewn. Oeddwn i'n methu gwneud dim ond gafael yn Johnny 'fo un llaw a gafael yn y fwyell efo'r llall a 'nath Tada weddi, "Iesu! Iesu! Be ti 'di neud?" Oeddwn i'n methu dallt. Oeddwn i wedyn yn deffro yn y rheinws a dyn yn gweiddi, a fi'n ôl yn fa'ma. Pryd ga i ddod adra, Mam? Pryd?

Hugh yn eistedd i lawr yn sedd Tom ger y tân. Mae'n rhoi ei ddwylo ar ei bengliniau, fel ei dad. Gwelwn ddarlun Aneurin Jones ar y sgrin. Tywyllwch.

ADRAN GWEITHGAREDDAU

I DIR NEB

CATRIN JONES

EIRUG WYN
I Dir Neb

ASTUDIO'R CLAWR

Edrychwch yn ofalus ar lun o waith Aneurin Jones ar glawr y nofel.

Trafod

Gyda phartner trafodwch:

- Pa emosiynau a ddeffroir gan y llun hwn?
- Sut rydych chi'n teimlo wrth edrych ar y llun?
- Pam mae'r artist wedi defnyddio'r lliwiau hyn?

Gyda phartner:

- Gwnewch restr o gwestiynau y gellir eu gofyn i'r cymeriad yn y llun. e.e. Ble rwyt ti?
- Meddyliwch am atebion i'r cwestiynau hynny.

Chwarae rôl

Ymarfer y Gadair Goch (Hotseating)

- Ymarfer yw hwn pan mae aelod o'r dosbarth yn eistedd ar y gadair goch (neu'r gadair boeth!) i ateb cwestiynau am ei gymeriad er mwyn dod i'w adnabod yn well. Y gamp yw ceisio cadw o fewn y cymeriad a rhoi atebion synhwyrol a chredadwy.
- Gall gweddill y dosbarth ofyn y cwestiynau roeddynt wedi eu paratoi mewn parau. (Gweler y daflen wybodaeth am Y GADAIR GOCH i gael syniadau pellach.)

Ysgrifennu Creadigol

- Nodwch yr ansoddeiriau a ddaw i'ch meddwl wrth edrych ar lun Aneurin Jones. Defnyddiwch yr ansoddeiriau hyn fel sbardun i greu disgrifiad / portread o'r gŵr neu i ysgrifennu cerdd.

Tasg Gymeriadu - Cadair Goch:

Darllenwch un uned (*scenic unit*) ac yna rhannwch y dosbarth yn A B C yn ôl faint o gymeriadau sy'n ymddangos yn yr olygfa honno e.e. mae'r rhai sy'n A i gyd yn Hugh, y rhai sy'n B i gyd yn Tom ac ati.

Ewch i'ch grwpiau cymeriad (h.y. y rhai sy'n A's i gyd gyda'i gilydd) a thrafodwch beth sydd wedi digwydd i'ch cymeriad a sut mae'n teimlo ar y pwynt hwn.

Dyma rai cwestiynau i'ch helpu:

- Allwch chi ddisgrifio sut rydych chi'n teimlo ar y pwynt hwn?
- Ydych chi'n teimlo eich bod yng nghanol yr hyn oedd yn digwydd ynteu ar yr ymylon?
- Ai chi oedd yn arwain ac yn cyfeirio'r ddeialog a'r gweithredoedd? Ynteu yn ymateb yn bennaf roeddech chi?
- Oedd 'na bethau roeddech chi eisiau eu gwneud yn ystod yr olygfa ond na wnaethoch chi?
- Oedd 'na bethau roeddech chi eisiau eu dweud yn ystod yr olygfa ond na wnaethoch chi?
- Beth sy'n gwneud ichi ymddwyn fel hyn?
- Beth sy'n bwysig i chi?
- Gwnewch nodyn o unrhyw gwestiwn y buasech yn hoffi ei ofyn i'r cymeriadau eraill ar y pwynt hwn yn y ddrama.

Y Gadair Goch

- Mae pob cymeriad yn cael cyfle i ofyn cwestiwn i gymeriad arall neu i ddweud rhywbeth maen nhw'n teimlo y dylen nhw ei ddweud.
- Mae angen i bawb aros yn eu rôl heblaw am y cadeirydd (athro o bosib).
- Pawb i aros yn eu grwpiau cymeriad.
- Gofynnir i bob grŵp a oes ganddyn nhw rywbeth i'w ddweud wrth gymeriad arall – gall unrhyw aelod o'r grŵp ymateb.
- Mae'r grŵp cymeriad arall yn cael cyfle i ymateb naill ai fel un llais neu fel unigolion.

Gwerthuso'r ymarfer

Trafodwch yr hyn a ddywedwyd a'r ymatebion. Oes yna unrhyw ddaliadau, safbwyntiau, neu agweddau ar y cymeriadau yn yr uned hon yr hoffai pobl eu harchwilio ymhellach?

Y Gadair Goch - Taflen Disgybl

Darllennwch un uned (*scenic unit*) ac yna rhannwch y dosbarth yn A B C yn ôl faint o gymeriadau sy'n ymddangos yn yr olygfa honno e.e. mae'r rhai sy'n A i gyd yn Hugh, y rhai sy'n B i gyd yn Tom ac ati.

Ewch i'ch grwpiau cymeriad (h.y. y rhai sy'n A's i gyd gyda'i gilydd) a thrafodwch beth sydd wedi digwydd i'ch cymeriad a sut mae'n teimlo ar y pwynt hwn.

Dyma rai cwestiynau i'ch helpu:

- Allwch chi ddisgrifio sut rydych yn teimlo ar y pwynt hwn?
- Ydych chi'n teimlo eich bod yng nghanol yr hyn oedd yn digwydd ynteu ar yr ymylon?
- Ai chi oedd yn arwain ac yn cyfeirio'r ddeialog a'r gweithredoedd? Neu ai ymateb yn bennaf roeddech chi?
- Oedd na bethau roeddech chi eisiau eu gwneud yn ystod yr olygfa ond na wnaethoch chi?
- Oedd na bethau roeddech chi eisiau eu dweud yn ystod yr olygfa ond na wnaethoch chi?
- Beth sy'n gwneud ichi ymddwyn fel hyn ar hyn o bryd?
- Beth sy'n bwysig i chi ar hyn o bryd?
- Gwnewch nodyn o unrhyw gwestiwn y buasech yn hoffi ei ofyn i'r cymeriadau eraill ar y pwynt hwn yn y ddrama.

LLWYFANNU
EDRYCH AR Y SGRIPT

Cyflwyniad:

Mae nifer o olygfeydd gwahanol yn I DIR NEB. Er mwyn creu perfformiad llwyddiannus dylai'r ddrama lifo'n rhwydd o un olygfa i'r llall. Nid yw cynulleidfa yn hoff o ddisgwyl tra bod y set a'r llwyfan yn cael eu newid rhwng pob golygfa.

Er mwyn sicrhau bod y ddrama'n llifo'n rhwydd:

- peidiwch â gorlwytho'ch llwyfan gyda phropiau
- gallwch ddefnyddio effeithiau sain i greu awyrgylch e.e. tician cloc, trydar adar...
- gallwch defnyddio effeithiau golau i ddangos newid lleoliad a chreu awyrgylch

Trafod ac Ysgrifennu

Mewn grwpiau
Ar y daflen, gyferbyn â phob golygfa nodwch:

Lleoliad yr olygfa e.e. cegin Cae Cudyll

Ansoddair i ddisgrifio'r awyrgylch yn yr olygfa honno

Lliw sy'n crisialu'r naws / awyrgylch yn yr olygfa e.e. glas = oeraidd

Golau – meddyliwch am gryfder a lliw'r golau

Sain – effeithiau sain a cherddoriaeth

Meddyliwch sut y buasech chi'n defnyddio golau a sain i greu awyrgylch ym mhob un o'r golygfeydd.

LLWYFANNU **I DIR NEB** **ACT UN**

GOLYGFA	LLEOLIAD	ANSODDAIR	LLIW	GOLAU	SAIN
1					
2					
3					
4					
5					
6					
7					
8					
9					
10					
11					
12					
13					

LLWYFANNU **I DIR NEB** **ACT DAU**

GOLYGFA	LLEOLIAD	ANSODDAIR	LLIW	GOLAU	SAIN
1					
2					
3					
4					
5					
6					
7					
8					

LLWYFANNU **I DIR NEB** **ACT DAU**

GOLYGFA	LLEOLIAD	ANSODDAIR	LLIW	GOLAU	SAIN
1					
2					
3					
4					
5					
6					
7					
8					
9					
10					
11					
12					
13					
14					

CREU *COLLAGE*

Tasg grŵp:

Adnoddau

- cylchgronau
- papur mawr
- glud
- pinnau ffelt.
- sisyrnau

- O fewn grŵp o tua 3 neu 4 dewiswch un lleoliad / golygfa i ganolbwyntio arno / arni. Penderfynwch pa liw a fyddai'n addas i gyfleu awyrgylch y lleoliad hwn neu'r olygfa hon.
- Ewch drwy'r cylchgronau gan ddewis lluniau, delweddau, penawdau a darnau o liw addas. Torrwch hwy a gludwch y darnau fel math o gollage ar bapur mawr.
- Paratowch gyflwyniad byr i weddill y dosbarth er mwyn esbonio eich cynllun.

Trafod

Yn y cyfarwyddiadau llwyfan agoriadol awgrymir y gellir defnyddio sgrin. Sut gellir defnyddio'r sgrin yma i'w photensial llawn – pa luniau, delweddau, siapiau, lliwiau ac ati fuasech chi'n eu taflunio arni? Gallwch ddefnyddio papur plaen gwyn ar gyfer eich syniadau.

Gwaith ymarferol mewn grwpiau – creu delweddau

Delwedd – *tableaux* – llun llonydd, h.y. gan ddefnyddio pob aelod o'r grŵp. Er mwyn creu delwedd lwyddiannus dychmygwch eich bod yn rhan o lun, wedi ei rewi gan amser. Pwy yw'r cymeriadau sydd yn y llun? Rhowch sylw i leoliad pob aelod o'r grŵp. Ceisiwch gael amrywiaeth lefelau. Gwnewch ddelwedd ar gyfer pob thema yn eu tro.

Dewiswch olygfeydd penodol o'r ddrama a'u hail-greu drwy ddelweddau / lluniau llonydd.

TRAFOD A CHYNLLUNIO SET

Sut buasech chi'n cynllunio eich llwyfan i awgrymu'r themâu i'r gynulleidfa?

Ar bapur plaen A4, darluniwch gynllun llawr ar gyfer set i'r ddrama. Rhaid i chi ystyried:

- y math o lwyfan a'i siâp
- lleoliad y gynulleidfa
- mynedfeydd ac allanfeydd
- gofodau penodol
- dodrefn a phropiau
- lliwiau
- awyrgylch

Rhai syniadau i'ch helpu:

- cefnlen – lluniau o beth? Pa liwiau? Seiclorama? Goleuo'r gefnlen i greu naws arbennig
- lefelau / rostras
- Creu awyrgylch – goleuo: lliwiau'r *gels*, golau llif, spot, troelli, pŵl, llachar, cysgodion. Meddyliwch pa rannau o'r llwyfan sy'n cael eu goleuo.
- sain: pa synau sydd eu hangen i greu awyrgylch
- cerddoriaeth
- Effeithiau arbennig e.e. rhew sych, mwg, ffrwydriad

Gwaith ymarferol mewn grŵp:

Penderfynwch ar olygfa neu ran o olygfa i'w hactio. Llwyfannwch yr uned gan ganolbwyntio ar y canlynol:

- defnydd o lais
- osgo
- symudiadau
- mynegiant wyneb
- defnydd o'r gofod

Os oes aelod dros ben yn y grŵp gall ef neu hi gyfarwyddo. Bydd yr ymarfer hwn yn eich helpu i fynd dan groen y cymeriadau ac i ystyried beth sydd ei angen ar y llwyfan.

TENSIWN DRAMATIG

Ar sawl achlysur yn y ddrama, mae'r cymeriadau'n agos yn gorfforol. Mae'r awdur yn defnyddio'r agosatrwydd yma i ddwysau'r teimladau sydd gan y cymeriadau tuag at ei gilydd a chaniatáu i ni fel cynulleidfa i weld eu teimladau mewnol.

Tasgau actio

Mewn grwpiau o 4 dewiswch 2 olygfa sy'n llawn tensiwn dramatig yn eich barn chi.

- Pam bod y golygfeydd hyn yn ddramatig?
- Pam maen nhw'n bwysig i'r ddrama?
- Ceisiwch weld sut mae gweithredoedd y cymeriadau'n dangos beth yw eu gwir deimladau.
- Dewiswch foment allweddol yn eich golygfa a chreu llun llonydd i'w ddehongli.

Ceisiwch feddwl am:

- Y gwagle rhwng cymeriadau
- Uchder
- Llygaid / cyswllt / edrychiadau
- Ystumiau ac iaith y corff
- Mynegiant wyneb

Trafod

Sut mae themâu'r ddrama yn dod yn amlwg drwy'r lluniau llonydd hyn? Cwblhewch y dasg ysgrifenedig. (Gweler taflen disgybl)

TENSIWN DRAMATIG

Tasg Ysgrifenedig

Dewiswch 2 olygfa sy'n llawn tensiwn dramatig yn eich barn chi. Pam bod y golygfeydd hyn yn ddramatig? Pam maen nhw'n bwysig i'r ddrama?

Defnyddiwch y pwyntiau isod i'ch helpu…

Beth sy'n digwydd yn yr olygfa?

Beth mae hyn yn ei ddatgelu i ni am y cymeriadau?

Beth yw'r tensiynau?

Pa themâu / pynciau mae'r olygfa yn ceisio'u cyflwyno'n weladwy i ni?

Sut mae'r dramodydd yn ei wneud yn foment o densiwn dramatig? (e.e. cyfarwyddiadau llwyfan, gweithredoedd, beth sy'n cael ei ddweud…)

CYMERIADAU I DIR NEB

Enghraifft o daflen waith:

Cwblhewch y grid canlynol gyda phrif nodweddion y cymeriadau.

HUGH	JOHNNY
ELIN	**TOM**

ADEILADU CYMERIAD...

Gallwch wneud sawl fersiwn o'r corff marw e.e.:

- llenwi'r tu mewn efo manylion cyffredinol am y cymeriad (efallai mai dyma fuasai eich cynnig cyntaf)
- llenwi'r tu mewn efo manylion penodol e.e.
  - manylion am ei addysg ar ei fraich dde
  - manylion am ei ddiddordebau ar ei fraich chwith
  - cefndir teuluol yn ei ben ac ati
  - ac yna ychwanegu be mae cymeriadau eraill yn ei ddweud, neu yn meddwl amdano
- gelwch dynnu llinell i lawr drwy'r corff i'w haneru ac yna llenwi un ochr gyda'r manylion positif am y cymeriad (+) ac yna'r manylion negyddol ar yr ochr arall (-)

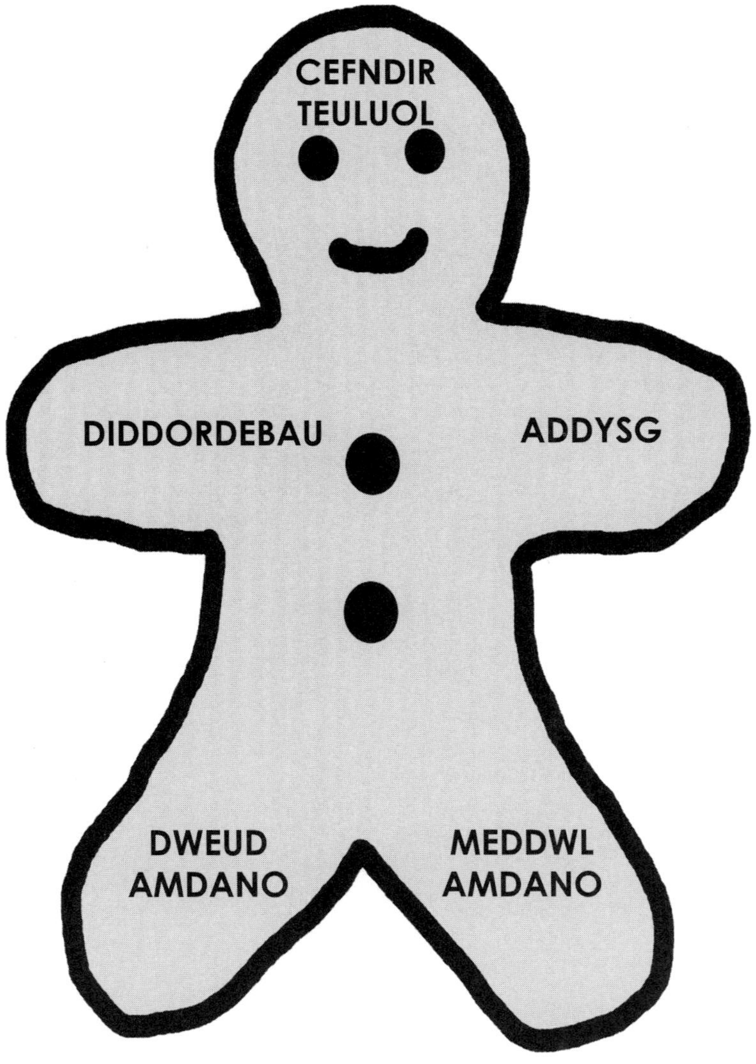

Dyma restr o destunau defnyddiol y gallwch ysgrifennu amdanynt ar eich corff marw:

- manylion personol
- iechyd
- pethau mae'n eu hoffi / casáu
- cyfrinachau
- y gorffennol
- perthnasau / teulu
- deallusrwydd
- eiddo pwysig, diddorol
- cymeriad yn falch
- cywilyddio amdano

- cyfoeth
- gwaith / swydd
- uchelgais
- pryderon
- arwyr
- pobl maen nhw'n eu hedmygu
- digwyddiadau pwysig
- addysg
- cartref / lle maen nhw'n byw

Ysgrifennu

Mewn parau:
Dewiswch un cymeriad ac astudiwch ei ymddygiad a'i ddatblygiad drwy gydol y ddrama. Rhestrwch y newidiadau sy'n digwydd i'r cymeriad. Gan ddefnyddio'r rhestr, ysgrifennwch **ymson / monolog** ar gyfer y cymeriad gan ddangos yn glir sut y maen nhw wedi datblygu.

Neu:
Yn hytrach nag ysgrifennu rhestr gellir nodi datblygiad y cymeriad ar ffurf **llinell amser** fel sail i'r ymson / monolog.

CYMERIAD CATRIN
Trafod ac Ysgrifennu

A) Yn **Act 1**, un disgrifiad a gawn o Catrin yw ei bod yn "ddynas mor agos i'w lle". I ba raddau y mae hyn yn wir? Trafodwch a defnyddiwch y daflen gyda'r corff arno i nodi disgrifiadau ohoni. Gallwch nodi ffeithiau amdani y tu mewn i'r amlinelliad a beth a ddywedir gan eraill amdani ar y tu allan.

B) Defnyddiwch yr wybodaeth hon fel sail i ysgrifennu portread ohoni. Os nad ydych yn gallu darganfod gwybodaeth yn y ddrama defnyddiwch eich dychymyg i ddisgrifio'i phryd a gwedd, ei gwisg, ei phersonoliaeth, ei theimladau a'i diddordebau.

CYMERIAD MIRIAM
Trafod ac Ysgrifennu

Beth sy'n digwydd i Miriam ar ddiwedd y ddrama? Y tro olaf inni ei gweld yw yn **Act Tri, Golygfa 12** pan mae hi'n datgan:

> "a dw inna'n bwriadu gadael… I rywla o'ma."

I ble aeth Miriam? Beth fu ei hanes ar ôl gadael Tyrpeg Ucha? Ysgrifennwch ei hanes yn dilyn yr olygfa hon ar ffurf stori.

CYMERIAD ELIN
Trafod ac Ysgrifennu Mewn parau:

A) Trafodwch y gwahanol emosiynau mae Elin yn eu profi yn ystod y ddrama. Sut mae hi'n ymateb i'r gwahanol sefyllfaoedd?

B) Fel dosbarth ysgrifennwch enw Elin ar ganol darn mawr o bapur a nodwch yr ystod o emosiynau y mae hi'n eu profi yn y ddrama (ar ffurf siart pry cop).

C) Gwnewch siart amser ar ei chyfer yn dangos beth sydd wedi digwydd iddi neu ddigwyddiadau sy'n effeithio ar bobl a phethau o'i chwmpas.

Trafod

Edrychwch eto ar **Act 1 Golygfa 6**:

> **Elin:** "Dydi'r petha ddim gen i....."
>
> **Hugh:** " Mi fedran ni briodi os digwyddith rywbath"

Trafodwch agweddau'r cymeriadau yn yr olygfa hon yn ogystal ag agwedd y ddau dad. Ydi agweddau wedi newid erbyn heddiw? Pwy ddylai gymryd cyfrifoldeb am atal cenhedlu? Oes rhaid priodi?

Gall y gweithgaredd hwn arwain at ddadl dosbarth.

Ysgrifennu

Edrychwch ar ddechrau **Act Dau**. Dychmygwch mai chi yw Elin yn ysgrifennu at Hugh yn y ffosydd.

- Beth fyddai hi'n ysgrifennu amdano?
- Fyddai hi'n mynegi barn am ei ymadawiad?
- Fyddai hi'n mynegi ei theimladau tuag ato?
- Faint o hanes 'adre' fyddai hi'n ei roi iddo?
- Bydd angen i chi ystyried ei geiriau pe bai o'n mynd i ryfel – 'A phaid ti â meddwl y bydda i'n aros yn fa'ma yn disgwyl amdanat ti, oherwydd fydda i ddim, a wna i ddim.'

  "Annwyl Hugh...". Gorffennwch ei llythyr.

Ysgrifennu

Yn unigol – dychmygwch fod Elin wedi gorfod gwneud cais i gael ei derbyn ar gwrs coleg ym Mangor – ysgrifennwch lythyr cais.

Cofiwch fod yn rhaid defnyddio arddull wahanol yn y llythyr hwn o'i gymharu â'r llythyr blaenorol. Defnyddiwch iaith ffurfiol.

Gwaith ymarferol: Chwarae Rôl

Mewn parau: Cyfweliad ffug naill ai rhwng darlithiwr yn y coleg ag Elin neu sgwrs â pherson ifanc a'i bryd ar gychwyn cwrs.

Ysgrifennu

Naill ai
Dychmygwch Elin ddeng mlynedd yn ddiweddarach ar ôl digwyddiadau'r ddrama. Ysgrifennwch ran o'i hatgofion. Ble byddai hi'n byw rŵan? Fyddai hi'n gweithio? Gallwch gynnwys cyfeiriadau at:

- ddigwyddiadau'r ddrama
- perthynas ei rhieni
- perthynas Evan a Catrin
- datblygiad ei pherthynas hi a Johnny
- sefyllfa Hugh

Neu
Ysgrifennwch lythyr ffurfiol oddi wrth y fyddin yn hysbysu'r teulu bod y mab, neu'r gŵr, wedi ei ladd mewn brwydr. Bydd angen cydymdeimlo â'r teulu'n ogystal.

CYMERIAD HUGH
Gwaith ymarferol

Erbyn **Act 2** gwelir newid mawr yng nghymeriad ac agwedd Hugh. Ar gyfer y dasg creu twnel meddyliau, mae angen i aelod o'r dosbarth gymryd rhan Hugh gyda gweddill y dosbarth yn ffurfio dwy res yn wynebu ei gilydd.

- Mae un rhes yn cynrychioli ei feddyliau yn Act 1
- Y rhes arall yn cynrychioli ei feddyliau yn Act 2 a 3.

Wrth i Hugh gerdded yn araf drwy'r twnel meddyliau (sef rhwng y ddwy res) mae'r disgyblion yn dweud beth mae'n feddwl neu'n ei deimlo.

- Trafodwch y newid yn ei gymeriad.

Gwaith ymarferol

Gwaith delweddol ar y thema – Rhyfel.
Lluniwch gyfres o ddelweddau / lluniau llonydd wedi eu seilio ar y canlynol:

- Sarjant yn holi Hugh
- Y ffosydd
- Dyfyniadau o lythyron Hugh

Trafod mewn parau

Mae'r ddrama'n gorffen gyda'r cyfarwyddiadau llwyfan:

> *Hugh yn eistedd i lawr yn sedd Tom ger y tân. Mae'n rhoi ei ddwylo ar ei bengliniau, fel ei dad.*

- Pa effaith a gaiff y darlun hwn o Hugh ar ddiwedd y ddrama ar y gynulleidfa?
- Beth ydych chi'n feddwl ydy ystyr hyn?
- Beth sydd wedi digwydd iddo?

Ysgrifennu fel dosbarth

Ar ddarn mawr o bapur tynnwch lun pen i gynrychioli pen Hugh. Rhestrwch a thynnwch luniau o bopeth sy'n mynd drwy feddwl Hugh, yn eich barn chi, wrth iddo eistedd ar sedd Tom ger y tân.

(Gallwch ddefnyddio hyn fel sail i'r dasg ymarferol ganlynol.)

Gwaith ymarferol

Creu golygfa sŵn (*sound scape*)

- Fel dosbarth: mae angen i bawb ddewis un peth sy'n mynd drwy feddwl Hugh wrth iddo eistedd ar sedd Tom.
- Gallwch ddewis dyfyniad o'r ddrama, synau bomio, saethu, llais y Sarjant, llais yr heddwas ac ati. Y nod yw ceisio creu'r dryswch sydd ym mhen Hugh o ganlyniad i'r ymladd yn y rhyfel.
- Gellir ychwanegu'r synau fesul un, gyda'i gilydd, rheoli cryfder y sŵn a llawer mwy. Arbrofwch!

Gwaith ymarferol – Ymarfer y gadair goch

Mae angen aelod o'r dosbarth i chwarae rhan Hugh. Bydd gweddill y dosbarth yn gofyn cwestiynau iddo am ei brofiadau, teimladau ac ati ar adegau gwahanol yn y ddrama, e.e. wrth ymgofrestru â'r fyddin, **Act 2**, diwedd y ddrama.

Gellir defnyddio hyn wedyn fel sail i fonolog Hugh neu gerdd.

CYMERIAD JOHNNY
Gwaith ymarferol: Chwarae Rôl

Edrychwch eto ar **Act Un Golygfa 9**. Beth ydych chi'n feddwl ddigwyddodd yn y dafarn rhwng Johnny a'r milwyr?

- Mewn grŵp o dri, actiwch yr olygfa a arweiniodd at yr ymladd.
- Canolbwyntiwch ar y ddeialog ac nid yr ymladd.
- Efallai y byddai edrych ar ddatblygiad cymeriad Johnny yn **Act Tri** o fudd ichi ddeall ei gymeriad yn well.
- Gallwch ddilyn y dasg hon drwy gofnodi'r ddeialog ar ffurf sgript.

Trafod ac Ysgrifennu

Edrychwch eto ar **Act Tri Golygfa 13**.

- Sut ydych chi'n credu mae Johnny yn teimlo yn yr olygfa hon?
- Ydych chi'n cytuno â geiriau Elin: "Mae beth sydd wedi digwydd y tu ôl i ni."
- Dychmygwch fod Johnny yn ysgrifennu cofnod yn ei ddyddiadur y noson honno. Beth ydych chi'n credu byddai'n yn ei ddweud?
- Sut yn eich barn chi y byddai o'n teimlo?

SIOE SIARAD

Gwaith ymarferol
Chwarae Rôl mewn grwpiau

- Y nod yma yw efelychu arddull rhaglenni teledu megis Jerry Springer, Jeremy Kyle, Trisha ac ati.
- Dewiswch aelod o'r dosbarth i gyflwyno'r sioe. Bydd angen sgiliau holi da a llais clir ar y cyflwynydd.

Dewiswch gymeriadau o'r ddrama a phenderfynwch ar destun y sioe e.e.

Elin, Johnny a Hugh
Pam na wnest ti ddisgwyl amdana i Elin?

Elin, Johnny a Hugh
Pam na wnest ti ddweud y gwir, Johnny?

Catrin, Evan a Miriam
Ydych chi'n hapus rŵan?

Catrin, Evan, Hugh
Pam na ddaethoch chi i fy nôl i?

- Gellir ychwanegu cymeriadau eraill o'r ddrama hefyd.
- Gellir ffilmio neu recordio'r rhaglen ac wrth edrych yn ôl / gwrando arni gellir gwerthuso pa mor dda y defnyddiwyd tystiolaeth o'r ddrama.

Ysgrifennu: Elin a Johnny

Olrheiniwch ddatblygiad eu perthynas drwy'r ddrama. Dychmygwch Elin ymhen deng mlynedd ar ôl diwedd y ddrama. Ysgrifennwch ran o'i hatgofion. Gallai gynnwys:

- ei barn am y rhyfel a digwyddiadau yn y ddrama
- sut y bu i'w pherthynas â Hugh newid
- sut y datblygodd ei pherthynas â Johnny
- sut mae hi'n teimlo nawr

Trafod a Chwarae Rôl: Hugh a Johnny

Sut berthynas sydd gennych chi â'ch brawd neu chwaer? Dychmygwch eich bod wedi cymryd rhywbeth o eiddo eich brawd / chwaer. Rydych yn teimlo'n euog. Actiwch y sefyllfa.

Gall y gwaith hwn fod yn sail i dasg ysgrifennu deialog neu fonolog.

Chwarae Rôl: Tom a Hugh

Oes mwy na gwahaniaeth cenhedlaeth yma?
Mae Tom wedi gwneud ymdrech i fagu Hugh fel ei fab ei hun er ei fod yn gweld y tebygrwydd rhwng Hugh ac Evan Tyrpeg Ucha, "Yn ei wedd o, yn ei edrychiad o, yn ei lais o!" a'i fod yn ôl Catrin yn "cario rhyw syniadau gwirion yn dy ben am rywbeth a ddigwyddodd ddeunaw mlynedd yn ôl!"

Mewn grwpiau o 4, penderfynwch pwy sy'n actio

- Tom
- Hugh
- Cydwybod Tom – rhywun sy'n siarad meddyliau Tom
- Cydwybod Hugh – rhywun sy'n siarad meddyliau Hugh

Meddyliwch am sgwrs rhwng Tom a Hugh lle nad yw'r un o'r ddau yn dweud beth sydd ar eu meddyliau go iawn. Bob tro mae'r cymeriadau yn dweud llinell mae eu 'Cydwybod' yn siarad eu meddyliau.

Sefyllfaoedd posibl:

- Hugh yn torri'r newydd ei fod yn caru Elin
- Ar ôl i Hugh ymaelodi â'r fyddin
- Ar ôl i Hugh ddychwelyd o'r rhyfel

Act Un Golygfa 13

Tom: "Rydw i'n hen erbyn hyn, Hugh. A dydi unrhyw beth a ddyweda i ddim yn cyfri llawer i ti, yn nac ydi?"

Dychmygwch sgwrs rhwng naill ai tad a mab, neu fam a merch pan mae'r mab / merch ar fin gadael cartref. Gallwch chi ddewis beth yw'r sefyllfa:

- ar ôl ffrae
- mynd i'r coleg
- mynd i deithio'r byd

Gall y gwaith hwn fod yn sail i dasg ysgrifennu deialog.

CÂN BRYN FÔN O'R CD *DAWNSIO AR Y DIBYN*

LLYTHYRAU TYDDYN-Y-GASEG

Tyddyn y Gaseg mil wyth gant a saith deg,
Fy annwyl fab hynaf, Siôn Glyn.
Mr Jones y gweinidog yn garedig gynddeiriog
Sy'n sgwennu y geiriau fan hyn.
Erbyn hyn mae dy frodyr i gyd wedi gadael
Am Loegr i chwilio am waith.
Mae'r Tyddyn yn unig a'th fam yn hiraethu
Nosweithiau yn dawel a maith.
Ond mae Buddug, dy chwaer di, a
Jac Tyddyn Isa
Yn sôn am briodi'n yr haf.
Tybed a fedri ddod draw i'r briodas?
Mi fyddai dy weld di mor braf.

Tyddyn y Gaseg mil wyth gant a wyth deg
Fy annwyl fab hynaf, Siôn bach.
Cyfarchion i'th gymar ac i'r pedwar plentyn
Gobeithio y tyfan nhw'n iach.
Mae Robin, dy frawd, mewn ychydig o helynt,
Un byrbwyll a fuodd o 'rioed.
Mae'r gaeaf yn galed yma'n Uwchaled
A Chicago mor bell ag erioed.
Ond mae Jac Tyddyn Isa a Buddug yn hapus
Mae'u plant yn iach ac yn gry'.
Mae'r hynaf yn cropian ac yn
Crwydro i bobman.
Maen nhw'n deud fod o'n debyg i ti.

Tyddyn y Gaseg mil wyth gant a naw deg
Fy annwyl fab, Robin a Glyn
Drwg calon gennyf yw torri y newydd
Fod eich annwyl fam wedi mynd.
Daeth eich brodyr a Buddug a Jac Tyddyn Isa
I'w chladdu yn mynwent y Llan.
Mae pawb yn garedig, Jac yn enwedig,
Ond hogiau rwy'n colli eich mam.
Ond mae'n dda gen i glywed fod
Robin yn dychwel
Gyda'r arian fe all brynu tir,
A tithau Siôn Glyn, ar ôl amser fel hyn
Efallai doi ditha' cyn hir.

Tyddyn y Gaseg mil wyth gant a naw deg a
dau, fy annwyl frawd, Glyn.
Drwg calon gen i yw gorfod sgrifennu
Rhyw eiriau digalon fel hyn.
Fe hunodd ein tad ni ar ddechrau mis Ebrill.
Mae'n gorwedd wrth ochr ein mam.
Daeth Buddug a'r teulu a Glyn bach a finna'
I'w gladdu ym mynwent y Llan.
Ac mae Buddug yn deud fod
o'n siarad amdanat
Tan y diwedd ac ynta mor wan.
Ac fe hoffai y teulu a llawer
o'th ffrindia
Dy weld di yn ôl yn y Llan.

Gwrandewch ar gân Bryn Fôn 'Llythyrau Tyddyn-y-gaseg' gan Alun 'Sbardun' Huws

Trafod

- Beth ydych chi'n meddwl yw'r stori sydd y tu ôl i'r gân hon?
- Cyfres o lythyrau sydd yma yn annog Siôn Glyn i ddychwelyd i'w gartref Tyddyn-y-Gaseg.
- Beth yw hanes Siôn Glyn tybed?
- Pam gadawodd o'r cartref yn y lle cyntaf?
- Pam ei fod o mor gyndyn i ddychwelyd?

Ysgrifennu

Naill ai:
Dychmygwch mai chi yw Siôn Glyn ac ysgrifennwch lythyr mewn ymateb i'r casgliad hwn.

Neu:
Dychmygwch mai chi yw cyfaill Hugh yn y ddrama ac ysgrifennwch gyfres o lythyrau ato yn yr ysbyty yn Ninbych yn adrodd hanes ei hen gynefin e.e. ei deulu, perthynas Catrin ac Evan, perthynas Elin a Johnny, y ddwy fferm.

Neu:
Dychmygwch mai chi yw Elin yn ysgrifennu at Hugh yn yr ysbyty ar ddiwedd y ddrama.

THEMÂU

Trafod mewn grŵp

Trafodwch beth yw **themâu'r** ddrama a rhestrwch hwy.

Rhestr o themâu posib:

- CELWYDD
- BRADYCHU
- CELU'R GWIR
- TEULU
- PERTHYNAS RHWNG GŴR A GWRAIG
- TRIONGL CARIAD
- RHYFEL
- SALWCH / ANAF

Enghraifft o daflen waith:

Trafodwch a nodwch isod beth a ddywedir am y thema:

- enwch gymeriadau
- nodwch ddyfyniadau
- nodwch dudalennau

CYMERIADAU	DYFYNIADAU	TUD
Hugh		
Johnny		
Catrin		
Tom		
Elin		
Miriam		
Evan		

Tasg Ymarferol:

Mewn grwpiau: creu cyflwyniad o'r thema ar ffurf lluniau llonydd a brawddegau byrion / dyfyniadau.

THEMA: CELWYDD

Gwaith ymarferol

Yn unigol, dewiswch stori y gallwch ei hadrodd wrth weddill y dosbarth am brofiad a gawsoch yn y gorffennol. Rhywle yng nghanol y stori bydd angen i chi ychwanegu un celwydd.

Adroddwch y stori wrth y dosbarth gan adael iddyn nhw ddyfalu beth yw'r celwydd. Fel dosbarth trafodwch:

- y gwahanol fathau o gelwydd e.e. celwydd golau, celwydd dros ben llestri
- y gwahanol ffyrdd o gyflwyno'r celwydd e.e. pwyslais mawr, rhuthro, osgoi cyswllt llygad.

Trafod

Mae nifer o'r cymeriadau yn *I Dir Neb* yn dweud celwydd. Meddyliwch pa effaith mae'r celwydd hyn yn ei gael ar y cymeriadau ac ar ddigwyddiadau yn y ddrama.

Dewiswch engreifftiau o gymeriadau yn dweud celwydd yn y ddrama. Dyma enghraifft: **Act Un, Golygfa 1**

> **Catrin** *(Amddiffynnol):* Ma hynna drosodd ers dros ddeunaw mlynedd.

Trafod / Gwaith Llafar

Mewn grwpiau:
Rhannwch y "celwydd" rhwng aelodau'r grŵp. Mae angen i bob person yn y grŵp ymarfer dweud y llinellau gan ddweud y celwydd mewn tair ffordd wahanol.

THEMA: CELU'R GWIR

Mae nifer o'r cymeriadau yn gadael sgwrs ar ei hanner neu'n celu'r gwir yn *I Dir Neb* e.e. **Act Un Golygfa 11**

> **Tom**: *Mae dy fam yn dewis a dethol be mae hi'n ddeud wrthat ti.*
> **Hugh**: *Be 'dach chi'n feddwl?*
> **Tom**: *Gofyn di iddi hi.*

Trafod

Mewn grwpiau edrychwch ar y ddau ddetholiad canlynol ac ystyriwch y cwestiynau canlynol:

- Beth mae'r cymeriadau yn ei feddwl go iawn yn y llinellau hyn?
- Sut buasai actorion yn perfformio'r llinellau?
- Pa gyngor lleisiol fuasech chi'n ei roi i'r actorion? Bydd angen cyfeirio at: tôn, traw, cyflymdra a chryfder y llais.

DETHOLIAD 1: Act Un, Golygfa 6

> **Hugh**: Be sy matar?
> **Elin**: Chdi.
> **Hugh**: Be dw i wedi'i neud?
> **Elin**: Be wyt ti *heb* ddeud wrtha i?
> **Hugh**: Be w't ti'n feddwl?
> **Elin**: Dy fod ti'n bwriadu mynd i'r Rhyfal.
> **Hugh**: Johnny a'i geg fawr…
> **Elin**: Mae'n dda bod rhywun yn bwriadu deud wrtha i!

DETHOLIAD 2: Act Un, Golygfa 11

Tom: Rw't ti'n union fel o'dd Evan Pritchard! Caru'r deryn er mwyn y nyth!

Hugh: Tydw i erioed wedi meddwl felly!

Tom: Dwi'n nabod Evan Pritchard!

Hugh: Be sy wnelo Evan Pritchard â hyn? Canlyn ei ferch o ydw i, nid y fo!

Tom: Canlyn dy… *(Brathu ei dafod. Mae'n ysgwyd ei ben a chwifio ei law at Hugh)* Dos allan. Dw i ddim am ddadla hefo ti. Gwna fel y mynni di – dy fywyd di ydi o. Os w't ti isho gneud smonach o betha, pam ddyliwn i boeni?

Gwaith ymarferol: Chwarae Rôl

- Defnyddiwch y ddau ddetholiad ar gyfer ymarfer chwarae rôl.
- Mewn grwpiau o 4 – mae angen dau i actio'r cymeriadau yn y detholiad a dau yn dweud beth sy'n mynd drwy feddyliau'r cymeriadau.
- Beth am ddewis 2 gymeriad arall o'r ddrama ar gyfer yr ymarfer hwn hefyd e.e. Miriam a Catrin?

THEMA: CARIAD / PERTHYNAS

Mae sawl math gwahanol o gariad a pherthynas yn *I Dir Neb* e.e. priodas anhapus, teulu, dau frawd, llosgach. Pa effaith y mae'r perthnasau yn ei gael ar eraill? e.e. **Act Dau, Golygfa 4**.

Trafod

Sut berthynas sydd rhwng y cymeriadau yn y ddrama e.e. Tom a Catrin, Elin a Johnny?

Trafod

A) Meddyliwch faint o ffrindiau oedd gennych chi yn yr Ysgol Gynradd? Ydych chi dal yn ffrindiau gyda phob un? Beth sy'n gallu effeithio ar gyfeillgarwch?

B) Beth yn eich barn chi sy'n achosi dirywiad mewn perthynas? e.e. rhwng ffrindiau, o fewn priodas ac ati.

Trafod ac Ysgrifennu

Darllenwch y gerdd 'Cwyn Gwraig' a'r darn llên-meicro 'Chwilio Gêm'.

A) Nodwch yn fyr bethau sy'n debyg neu'n wahanol yn y ddau ddarn. Cymharwch dri pheth o'r gerdd â thri pheth yn y rhyddiaith. *Gallwch roi sylw i'r iaith a'r arddull.*

B) Dychmygwch mai Miriam ydych chi a'ch bod yn ysgrifennu darn o farddoniaeth neu ryddiaith ar y testun 'Cwyn Miriam'.

CWYN GWRAIG

"Ma' fe bant yn galifantio 'to.
Gweud fod 'i waith e'n bwysig
os bo fe am gadw'r plant a fi mewn bwyd, dillad a pharchusrwydd.
Wel, pwy o'n i ddadle?
Dy'n ni byth yn dadle ch'weld,
wel, fe sy'n iawn bob tro, whare teg.
Fel ma' fe'n gweud, dim ond gwraig tŷ ydw i –
beth ydw i'n w'bod?

"Ond un peth 'wy yn 'i w'bod;
alla i weud pan ma' *hi*'n ffonio.
Mae ei laish e'n mynd yn feddal fel *marshmallow*
daw ei wherthin e'n annaturiol o uchel
a'i lyged yn gwibio obiti'i ben e fel marbles.
A 'wy wastad yn gallu gweud pan 'i fod e wedi
bod gyda *hi* – ma'r persawr yn siarad cyfrole –
nid y drewdod ar 'i ddillad e
ond y gwynt ar ei laish e,
ma'r geirie ma' fe'n ddefnyddio'n diferu o sent dierth.

"'Wy wedi gofyn iddo fe cyn hyn
amdani *hi* – pam, sa i'n gw'bod.
Mae e'n ddigon gonest am y peth,
whare teg.
Gweud ma' fe fod ganddi
feddwl diddorol (a chorff i fatsho, siŵr o fod);
un o'r *intellectuals* 'ma, chi'n gw'bod.
Ond 'wy moyn gw'bod beth sy mor wych am feddylie mowr,
fi sy'n smwddio 'i grysie fe a gofalu ar ôl 'i blant e.

"Ambell waith fe glywa i laish bach
y tu fewn i fi
sy wedi bod yn dawel am oes.
Mae e'n swnio'n rhyfedd o wag
ac yn unig yn 'y mhen i;
caiff e'i wasgu gan dwmpath arall o smwddio ymhen dim.
Sa i moyn swnio fel tysen i'n cwyno chwaith.
Alla i ddim clywed y geirie'n iawn ta p'un,
ma' gormod o bethe er'ill yno hefyd…
… Ond 'na fe, cyn belled â'n bod ni â tho uwch ein penne,
fe lwyddwn ni rywsut."

Elinor Wyn Reynolds (o'r gyfrol *Dal Clêr*)

CHWILIO GÊM...

Bu'r misoedd cyntaf hynny yn ei gwmni ymhlith y rhai hapusaf a brofodd erioed. A hithau'n grediniol mai dyma'r un o'r diwedd, yr un y bu hi'n chwilio amdano gyhyd. Yn ymhyfrydu yn ei wên ddioglyd, yn boddi yn lliw gwinau ei lygaid. A'r rheini'n adlewyrchu gwawr newidiol y dail uwch eu pennau wrth iddynt nesáu at eu tymp.

Hyd nes y daeth y bore hwnnw pryd y sylwodd hi pa mor swnllyd y llepiai ei baned wrth y bwrdd brecwast, pa mor gam oedd ei ddannedd isaf, pa mor gyffredin mewn gwirionedd oedd ei ddawn dweud. A'i siom, fel barrug cyntaf y gaeaf, yn gorwedd yn grystyn di-ildio ar wyneb ei chalon grin.

Annes Glyn

O'r gyfrol *Symudliw*

Cyfrol y Fedal Ryddiaith 2004

Trafod ac Ysgrifennu

Yn ôl Elin mae ei rhieni yn ffraeo o hyd. Beth sydd wrth wraidd eu ffraeo? Edrychwch ar **Act Un Golygfa 4** eto i'ch helpu. Rhestrwch eich syniadau.

"Ac mi fydd Mam a Dad wedi cael dwy ffrae o leia erbyn hynny!"

Dychmygwch eich bod yn blentyn bach yn gwrando ar eich rhieni yn ffraeo. Ysgrifennwch ymson / monolog yn disgrifio sut rydych chi'n teimlo. Cofiwch:

- rydych chi'n ysgrifennu beth sy'n mynd trwy eich meddwl
- rydych chi'n defnyddio iaith lafar
- chi sy'n dewis ble rydych chi a phryd
- efallai y gallwch berfformio'r gwaith

Er mwyn cyfoethogi eich gwaith creadigol ar y thema anffyddlondeb a phroblemau perthynas, beth am ddarllen y dramâu canlynol:

- *Leni* gan Dewi Wyn Williams
- *Y Tŵr* gan Gwenlyn Parry
- *Blodeuwedd* gan Saunders Lewis
- *Ta-ra Teresa* gan Aled Jones Williams

Trafod

Edrychwch eto ar y llinellau: **Act Un Golygfa 4**

Miriam: …Mi ddoist ti yma heb ddim, ac mi gei di adal heb ddim hefyd!

Evan: Y fi gododd y lle 'ma ar ei draed. Mae 'na ugain mlynedd o lafur fy mywyd i wedi mynd i'w wneud o'r hyn ydi o, ac mae gin i hawl i bob modfedd o fy hanner siâr.

- Beth yw eich barn am hyn? A oes gan gwpl sy'n gwahanu yr hawl i haneru'r eiddo? A oes gan berson yr hawl i'w "hanner siâr" hyd yn oed pan mae ar fai?
- Darllenwch yr erthygl o *The Guardian*: 'Biggest divorce settlement in British legal history as wife gets £48m'.
- Mae storïau tebyg am dor-priodas ymhlith y sêr yn ymddangos o hyd yn ein papurau newydd e.e. Paul McCartney a Heather Mills.
- Chwiliwch am fwy o fanylion am berthynas yn chwalu – "Ysgariad a pherthynas yn chwalu."
- Ydych chi'n meddwl y dylai dau berson sy'n bwriadu priodi greu cytundeb ysgrifenedig sy'n nodi amodau arbennig? Defnyddiwch eich gwaith ymchwil a'ch syniadau ar gyfer y dasg ysgrifenedig ganlynol.

Ysgrifennu

Ysgrifennwch araith naill ai o blaid neu yn erbyn y datganiad hwn:

> *"Dylai pawb sy'n priodi greu cytundeb ysgrifenedig cyn dydd y briodas. Eilbeth yw cariad."*

Gwaith Llafar: Dadl Dosbarth

- Defnyddiwch eich araith fel sail i ddadl dosbarth.
- Gall hanner y dosbarth ddadlau o blaid y datganiad a'r hanner arall yn ei erbyn.
- Gall yr athro fod yn gadeirydd sy'n cadw trefn.

YMADRODDION DEFNYDDIOL AR GYFER CYFLWYNO A HERIO BARN

- Yn fy marn i...
- Rwy i'n credu...
- Rwy'n deall bod...
- Mae llawer o bobl yn derbyn bod...

- Rwy i wedi gwneud llawer o ymchwil ac mae gen i dystiolaeth i brofi bod...
- Rwy'n cytuno â'r hyn a ddywedest ti a hoffwn ychwanegu...
- Rwy i wedi gwrando ar yr hyn a ddywedest ti ac am ei gefnogi gyda...

- Rwy'n parchu dy safbwynt ond yn anghytuno â'r rheswm amdano...
- Gyda phob parch, rwy'n deall yr hyn wyt ti'n ei ddweud, ond rwy'n anghytuno...
- Rwy'n anghytuno'n llwyr â'r hyn wyt ti'n 'i ddweud oherwydd...

- Pa dystiolaeth sydd gen ti i gefnogi dy ddadleuon?
- Ar beth mae'r dystiolaeth yn seiliedig?
- Sut wyt ti'n disgwyl i bobl gredu'r hyn rwyt ti'n ei ddweud?

THEMA: RHYFEL

Trafod

Mae John Williams yn gymeriad hanesyddol o gig a gwaed. Fo oedd yn gyfrifol am annog bechgyn ifanc i ymuno â'r fyddin.

Edrychwch ar ei araith isod a chymharwch hyn â dau ddeunydd arall sef:

- beth sydd ganddo i'w ddweud yn y ddrama **Act Un Golygfa 7**
- beth sydd gan y cymeriadau eraill i'w ddweud amdano yn y ddrama gyfan.

Pa argraffiadau a gewch chi felly o John Williams?

> "Yn wyneb hyn oll, fechgyn ieuainc, ymfyddinwch, ac na adewch i ryddid eich gwlad, diogelwch eich teuluoedd, a'ch breintiau crefyddol gael eu hysbeilio oddi arnoch. Er ei holl ddiffygion Prydain yw'r lanaf, anrhydeddusaf y mae haul Duw'n tywynnu arni, a byddwch o'r un ysbryd a'r hen ŵr hwnnw o Fôn a ddwedai'r dydd o'r blaen ei fod yn methu cysgu'r nos wrth feddwl am y bechgyn glewion oedd yn y 'trenches' i'w gwneud hi'n bosibl iddo fo gysgu o gwbl."
>
> John Williams, Brynsiencyn
>
> "I'r Gad, Gymru Annwyl", *Y Brython,* Tachwedd 26, 1914
>
> O'r gyfrol *Gwaedd y Bechgyn* gol. Alan Llwyd ac Elwyn Edwards

Gwaith ymarferol : Chwarae Rôl

Mewn parau. Penderfynwch pwy sy'n A a phwy sy'n B.
Mae A yn ceisio perswadio B i dorri i mewn i'r siop leol a dwyn yr MP3 diweddaraf mae'r ddau wedi bod yn dymuno'i gael ers hydoedd.

- Sut mae A am berswadio B?
- Pa fath o iaith mae A yn ei ddefnyddio?
- Sut iaith corfforol?
- Gallwch gyfnewid rôl lle mae B yn perswadio A mewn sefyllfa o'ch dewis chi.
- Trafodwch.

Ysgrifennu

Dychmygwch fod gennych y dasg o recriwtio pobl ifanc i ymuno â'ch clwb neu eich cymdeithas chi. Ysgrifennwch **araith fer** yn eu perswadio i ymuno.

Trafod mewn parau

Edrychwch ar y deunyddiau uchod a chymharwch hwy o ran arddull ac iaith. A oes tebygrwydd rhwng y deunyddiau? Beth sy'n wahanol?

Ysgrifennu

Petaech chi'n cael y dasg o greu poster neu glawr pamffled neu dudalen cartref gwefan bropaganda beth fuasech chi'n ei gynnwys?

Wrth feddwl am bennawd i ddenu sylw'r darllenydd edrychwch ar yr enghreifftiau o bosteri Propaganda'r Rhyfel Byd Cyntaf a'r dyfyniadau gan filwyr sy'n aelodau o'r Gwarchodlu Gymreig:

Ysgrifennu

Y GENEDL

Yn y ddrama ceir cyfeiriad at y papur newydd *Y Genedl*. Ysgrifennwch erthygl papur newydd ar gyfer *Y Genedl* yn dadlau yn erbyn y rhyfel.

Gallwch ystyried beth ddywed Tom yn y ddrama:

- "be ma' gweinidogion yr Efengyl yn 'i feddwl..."
- "yr adroddiada o Ffrainc"

Neu:

- Gallwch ysgrifennu erthygl papur newydd yn dadlau yn erbyn rhyfel gyfoes e.e. mae John Williams yn y ddrama yn sôn am "ryfel cyfiawn" (**Act Un Golygfa 7**)
- Clywyd cyfeiriad at Ryfel Irac hefyd fel rhyfel cyfiawn. Ydych chi'n cytuno?

Gwaith Llafar: Dadl Dosbarth

Testun: Dylai pob bachgen ifanc ymuno â'r fyddin

- Gall hanner y dosbarth ddadlau o blaid y testun a'r hanner arall yn erbyn.
- Gall yr athro fod yn gadeirydd sy'n cadw trefn.

Neu:

- Rhannwch gymeriadau'r ddrama yn ddwy garfan – rhai o blaid a rhai yn erbyn y testun. Casglwch ddyfyniadau o'r ddrama i gefnogi eich dadl e.e.
  "Apêl yr iwnifform", "Lladd. Lladd. Lladd."
- Rhannwch y dosbarth yn ddau – gall sawl person gynrychioli un cymeriad ac o fewn grŵp y cymeriad hwnnw ysgrifennwch araith fer.

Testunau posibl eraill ar gyfer Dadl Dosbarth:

> *"Mae hi'n gyfrifoldeb ar bob un ohonom i fynd i ymladd dros ein gwlad."*
> *"Gwastraff arian oedd mynd i ryfel yn erbyn Irac."*

Trafod ac Ysgrifennu

Mewn parau: Creu holiadur
Mae sawl ffordd o greu holiadur a darganfod barn pobl. Un ffordd ddefnyddiol iawn a ddefnyddir gan gwmni Dynamix fel rhan o'u hyfforddiant i Gynghorau Ysgol yw'r ymarfer DARGANFOD BARN.

- Gyda'ch partner dewiswch ddatganiad yr hoffech chi ddarganfod barn pobl amdano a nodwch y datganiad yn y blwch ar y daflen.
- Cyn mynd o gwmpas y dosbarth yn holi'r disgyblion gall yr athro sicrhau bod digon o amrywiaeth yn y datganiadau.
- Ar sail canlyniadau'r arolwg hwn gallwch ysgrifennu adroddiad byr neu lunio graff yn crynhoi'r casgliadau.

Ysgrifennu

Beth am ddefnyddio'r templed cerdyn post? Dychmygwch eich bod yn filwr yn y ffosydd. Dim ond amser ar gyfer taro nodyn sydyn sydd gennych.

TRAFOD BARDDONIAETH

Yn y ddrama cawn glywed am brofiadau Tom a Hugh mewn rhyfel. Sut mae eu profiadau hwy yn cymharu â'r hyn a ysgrifennir mewn cerddi?

Wrth ddarllen y cerddi penderfynwch beth mae'r bardd yn ceisio'i ddweud.

- Beth yw barn y bardd am ryfel?
- Rhowch sylw i arddull y cerddi.
- Pa gerdd yw'r mwyaf llwyddiannus yn eich barn chi? Pam?

Mae llawer o farddoniaeth wedi ei ysgrifennu am ryfeloedd – trowch at y gyfrol '*Gwaedd y Bechgyn*' – golygyddion: Alan Llwyd ac Elwyn Edwards. Yn y Rhagymadrodd i'r gyfrol dywed Alan Llwyd:

> *"Cynan, yn anad neb, yw'r bardd Cymraeg mwyaf effro a hydeiml i erchyllterau rhyfel, y mwyaf gonest a'r mwyaf treiddgar o'r holl feirdd a draethodd yn uniongyrchol am y Rhyfel. Gwelodd yn eglurach na neb effeithiau'r Rhyfel ar gorff ac ysbryd, a deallodd yn ddyfnach na neb arwyddocâd seicolegol ac ystyr rhyfela technolegol modern."*

Darllenwch ddwy gerdd o eiddo Cynan sef:

- 'Tros y Copa' – *'Over the Top'*
- 'Ar ôl y Frwydr' *(O 'Mab y Bwthyn')*

Cymharwch y cerddi hyn a cherddi un o feirdd amlycaf Cymru yn awr sef Gwyn Thomas:

- 'Athrylith Dyn', *(O Hiliogaeth Cain)* 1914 - 1918

Ysgrifennu

Dychmygwch fod Hugh dal yn yr ysbyty yn Ninbych flynyddoedd ar ôl diwedd y ddrama?

- Sut mae o'n teimlo?
- Beth mae'n ei weld o'i gwmpas?

Darllenwch y gerdd *Y Rhyfel Mawr (Sef ymson un clwyfedig wrth iddo edrych i mewn i ardd ysbyty) gan Gwyn Thomas* er mwyn eich helpu i gael syniadau.

Naill ai:
Ysgrifennwch ymson Hugh yn yr ysbyty
Neu:
Ysgrifennwch bortread o Hugh drwy lygaid un o'r gweithwyr yn yr ysbyty
Neu:
Ysgrifennwch ddisgrifiad o ystafell mewn ysbyty, cell neu gartref henoed.

Efallai y bydd darllen y darn meicro canlynol o eiddo Annes Glynn "Tu Chwith" o gymorth i chi:

TU CHWITH

"Dw i ofn. Paid â mynd am funud. Gafael yn fy llaw i. Plîs?..."

"Mi arhosa i am 'chydig eto. Ond does 'na'm byd i boeni amdano fo. Wir. A fydda i ddim yn bell."

"Ond dydw i'n nabod neb 'ma. Dydi o ddim fel bod adra."

"Matar bach fydd dod i wbod pwy 'di pwy…"

"Ond…"

"Mi fydd bob dim yn edrach yn wahanol mewn diwrnod neu ddau. Go iawn."

"Ond dydw i ddim isio dy weld di'n mynd. Aros…"

" O! Helô, Metron – jest deud oeddwn i wrth Mam rŵan y bydd hi wedi setlo yn y cartra mewn fawr o dro, yn bydd?..."

Annes Glyn
O'r gyfrol *Symudliw*
Cyfrol y Fedal Ryddiaith 2004

CYDNABYDDIAETH

Cyfres Collins, *Play Plus*
Gwaedd Y Bechgyn, Gol. Alan Llwyd ac Elwyn Edwards, Barddas:
'Tros y Copa', 'Ar ôl y frwydr', Cynan
'Athrylith Dyn', '1914–1918', 'Y Rhyfel Mawr', Gwyn Thomas
Homeworks and Fillers for Drama, Pearson Publishing
Participation - Spice It Up, Cwmni Dynamix
TGAU Adolygu Bitesize Cymraeg, Gwasg Gomer
Symudliw, Annes Glynn, Gwasg Gomer
Tu Chwith, tud 36, Chwilio Gêm tud 52
Dal Clêr, 'Cwyn Gwraig', Elinor Wyn Reynolds tud 22-23, Gwasg Gomer
Cân Llythyrau Tyddyn y Gaseg, Cryno Ddisg, *Dawnsio ar y Dibyn*, Bryn Fôn